汽车美容快修专业技能培训视频教程丛书

汽车机修快修技能教程

广东凌凯汽车技术有限公司 组编

谭本忠 编

 视频讲解

机械工业出版社
CHINA MACHINE PRESS

《汽车机修快修技能教程》从专业技能的角度出发，详细地讲述了汽车维护保养实操项目的相关知识，具体包括汽车维护保养基础、常用设备的使用操作、车辆维护保养操作三个部分。本书通过大量的高清真实场景图片，从汽车维护保养相关设备、工具、耗材的认识开始，逐步讲解了汽车维护保养常用设备的使用操作方法，以及各类汽车维护保养实际操作过程。本书图文并茂，操作步骤详细，并且配套有实操视频课程（购买后可观看）辅助学习。本书还配有教学检验表格、课后习题。本书适合汽车维修保养人员入门学习使用，也可以作为中等职业学校及大专院校汽修专业的实操教材、职业培训机构的培训教材或汽车维修从业人员的自学参考书。

图书在版编目（CIP）数据

汽车机修快修技能教程 / 谭本忠主编 . —北京：机械工业出版社，2021.9
（汽车美容快修专业技能培训视频教程丛书）
ISBN 978-7-111-68820-4

Ⅰ.①汽… Ⅱ.①谭… Ⅲ.①汽车–车辆修理–教材 Ⅳ.①U472.4

中国版本图书馆 CIP 数据核字（2021）第 153623 号

机械工业出版社（北京市百万庄大街 22 号　邮政编码 100037）
策划编辑：连景岩　责任编辑：连景岩　刘　煊
责任校对：梁　倩　封面设计：马若濛
责任印制：常天培
北京宝隆世纪印刷有限公司印刷
2021 年 10 月第 1 版第 1 次印刷
184mm×260mm・15.5 印张・377 千字
0 001—1 900 册
标准书号：ISBN 978-7-111-68820-4
定价：79.90 元

电话服务　　　　　　　网络服务
客服电话：010-88361066　机　工　官　网：www.cmpbook.com
　　　　　010-88379833　机　工　官　博：weibo.com/cmp1952
　　　　　010-68326294　金　　书　　网：www.golden-book.com
封底无防伪标均为盗版　机工教育服务网：www.cmpedu.com

前言

随着我国汽车产业的飞速发展，汽车已经进入家庭和企业，给人们的出行带来更舒适、更快捷的体验。汽车维修已成为目前热门的行业，且人才缺口极大。当前，由于汽车制造材料和工艺较之前有非常大的提升，现代车辆各个系统的故障发生率大大降低，从而使汽车维修率也相对下降，但车辆的日常维护保养却日趋重要。俗话说"三分修，七分养"，可见维护保养对于车辆的重要性。为了更加方便地进行汽车维护保养技术的培训，我们组织了一批教学经验丰富的老师和实践经验丰富的技师共同编写了本书。

本书分为汽车维护保养基础、常用设备的使用操作和车辆维护保养操作三个部分。

本书编写形式以图为主、文字为辅，另外还有配套的实训视频（可购买后观看），将操作步骤简单化，将复杂的操作过程在视频中体现，这样使本书的内容少而精，增强了实训内容的直观性。本书可以用作职业院校汽修专业的实训教材，也可以供初学者自学或用作短期培训班的培训教材。

目 录
CONTENTS

前言

第一章　汽车维护保养基础 …… 1
　　一　汽车维护保养常用工量具设备及耗材对车辆维护的影响 …… 2
　　二　常用设备 …… 3
　　三　常用耗材 …… 6
　　四　常用工具和量具 …… 10

第二章　常用设备的使用操作 …… 26
　第一节　认识与使用举升机 …… 27
　　一　举升机对维修车辆有什么影响 …… 27
　　二　举升机的作用与种类 …… 27
　　三　认识与使用举升机的过程 …… 29
　　四　如何选购举升机 …… 37
　第二节　认识与使用轮胎拆装机 …… 39
　　一　什么是轮胎拆装机 …… 39
　　二　轮胎拆装机的种类 …… 39
　　三　轮胎拆装机的发展趋势 …… 39
　　四　认识与使用轮胎拆装机的过程 …… 40
　　五　如何选购轮胎拆装机 …… 56
　　六　轮胎拆装机如何维护和保养 …… 57
　第三节　认识与使用轮胎动平衡机 …… 57
　　一　轮胎不平衡有什么影响 …… 58
　　二　轮胎的作用和种类 …… 58
　　三　轮胎动平衡机的使用 …… 60
　　四　轮胎的了解判断及选购 …… 69

第三章 车辆维护保养操作　71

第一节 空气滤清器的保养与更换 …………………………… 72
- 一 空气滤清器对汽车的影响 ………………………………… 72
- 二 空气滤清器的作用与种类 ………………………………… 72
- 三 空气滤清器的保养与更换过程 …………………………… 74
- 四 空气滤清器滤芯的更换间隔期及使用误区 ……………… 81

第二节 认识与更换汽油滤清器 …………………………… 83
- 一 汽油滤清器对汽车的影响 ………………………………… 83
- 二 汽油滤清器的作用与滤清器种类 ………………………… 83
- 三 汽油滤清器的选择 ………………………………………… 84
- 四 更换汽油滤清器 …………………………………………… 84
- 五 相关知识拓展 ……………………………………………… 90

第三节 火花塞的拆装与检查 ……………………………… 91
- 一 火花塞对汽车的影响 ……………………………………… 91
- 二 火花塞的作用与火花塞的种类 …………………………… 91
- 三 火花塞更换 ………………………………………………… 94
- 四 火花塞的基本性能及相关知识 …………………………… 101

第四节 认识与更换发动机机油 …………………………… 102
- 一 发动机机油的认识 ………………………………………… 103
- 二 如何选用合适规格的发动机机油 ………………………… 104
- 三 发动机机油的更换 ………………………………………… 106
- 四 关于机油的常见误区 ……………………………………… 118

第五节 车轮的拆装检查与换位 …………………………… 118
- 一 车轮哪些因素对汽车有不良影响 ………………………… 118
- 二 车轮拆装检查与换位的过程 ……………………………… 119
- 三 车轮拆装检查与换位操作 ………………………………… 120
- 四 影响轮胎寿命的因素 ……………………………………… 128

第六节 认识与更换发动机冷却液 ………………………… 129
- 一 冷却液的功能 ……………………………………………… 130

二　冷却液的种类 …………………………………………………… 130
　　三　冷却液的更换 …………………………………………………… 131
　　四　相关知识拓展 …………………………………………………… 137
　　五　冷却液的更换周期及如何选购冷却液 ………………………… 140
第七节　认识与更换手动变速器润滑油 ……………………………………… 140
　　一　手动变速器润滑油对手动变速器的影响及选用 ……………… 141
　　二　手动变速器润滑油的作用及润滑油种类 ……………………… 142
　　三　更换手动变速器润滑油 ………………………………………… 144
　　四　手动变速器润滑油的特性 ……………………………………… 149
第八节　盘式制动器的拆装与检查 …………………………………………… 150
　　一　盘式制动器的组成 ……………………………………………… 150
　　二　盘式制动器的种类 ……………………………………………… 152
　　三　制动器的拆装与检查 …………………………………………… 152
　　四　相关知识拓展 …………………………………………………… 163
第九节　认识与更换制动液 …………………………………………………… 164
　　一　制动液对行车的影响 …………………………………………… 164
　　二　制动液的种类、等级与更换周期 ……………………………… 164
　　三　制动液的选择 …………………………………………………… 166
　　四　制动液的更换 …………………………………………………… 166
　　五　相关知识拓展 …………………………………………………… 173
第十节　节气门清洗 …………………………………………………………… 174
　　一　节气门的认识 …………………………………………………… 175
　　二　节气门清洗的频率及方法 ……………………………………… 175
　　三　节气门清洗过程 ………………………………………………… 176
　　四　节气门的定期清洗有必要吗 …………………………………… 186
第十一节　蓄电池的充电与更换 ……………………………………………… 186
　　一　蓄电池的认识 …………………………………………………… 186
　　二　蓄电池的维护保养相关知识 …………………………………… 188
　　三　蓄电池的充电与更换过程 ……………………………………… 189

四　有关蓄电池在使用及保养方面需要注意的一些问题 …………… 196

第十二节　气缸压力的测量 ………………………… 199
　　一　造成气缸压力降低的主要因素 ………………………… 199
　　二　气缸压力过高或者过低对发动机有什么影响 ………………………… 199
　　三　发动机气缸压力不足故障的主要原因 ………………………… 200
　　四　气缸压力测量 ………………………… 201
　　五　气缸压力测量的原则及相关知识 ………………………… 206

第十三节　减振器的更换 ………………………… 207
　　一　减振器对汽车的影响 ………………………… 207
　　二　减振器的作用及分类 ………………………… 208
　　三　减振器的更换过程 ………………………… 209

第十四节　正时带的更换 ………………………… 217
　　一　正时带断裂会有什么影响 ………………………… 217
　　二　正时带的更换周期 ………………………… 217
　　三　正时带的更换过程 ………………………… 218
　　四　正时带选购注意事项 ………………………… 227
　　五　自己如何检查正时带 ………………………… 227
　　六　正时带和正时链条到底有什么区别 ………………………… 228
　　七　正时带的优缺点 ………………………… 228

第十五节　前轮定位的检查与调整 ………………………… 228
　　一　前轮定位对汽车行驶性能的影响 ………………………… 229
　　二　前轮定位的作用 ………………………… 230
　　三　前轮定位的检查与调整过程 ………………………… 230
　　四　四轮定位的相关知识 ………………………… 236

第一章
汽车维护保养基础

汽车维护保养过程中会用到多种工具设备与耗材，这些工具设备只有使用得当，才能保证维护保养工作安全进行并且准确完成。这就要求维护技师在使用过程中不仅要了解工具的功能和用法，还要正确选择适合的工具，并注意培养良好的工作习惯（如保持工具放置有序、用后清洁、涂油并放回正确的位置等）。

一 汽车维护保养常用工量具设备及耗材对车辆维护的影响

常言道"工欲善其事，必先利其器"，对于汽车维护工作来讲也有"三分技术，七分工具"的说法，由此可见，正确地选用工具对汽车维护来说是何等重要。但很多维护技术人员不太重视工具和量具的使用方法，导致不能顺利完成维护工作。使用工具和测量仪器的基本要求如下：

1）了解工具及测量仪器正确的用法和功能。学习每件工具和测量仪器的功能和正确用法。如果用于规定之外的用途，工具或测量仪器会损坏，而且零件也会损坏，或者导致工作质量降低。

2）了解使用工具及测量仪器的正确方法。每件工具和测量仪器都有规定的操作程序。要确保在工作部件上正确使用工具，用在工具上的力要恰当，操作姿势也要正确。

3）正确选择工具及测量仪器。根据尺寸、位置和其他条件不同可选用不同的工具。要根据零件形状和工作场地选择适合的工具。

4）力争保持安排有序。工具和测量仪器要放在容易拿到的位置，使用后要放回原来的正确位置。

5）严格坚持工具的维护和管理。工具要在使用后立即清洁，并在需要的位置涂油。如需要修理就要立即进行，这样工具就可以一直处于完好状态。

6）具备常用的维护工具、量具及设备是每一个维修企业开业的必备条件，认识和掌握这些维修工具对规范维修操作、保证维修质量、提高工作效率至关重要。

例如：汽车发动机的工作是在密闭条件相对良好的空间内完成的，其主要动力源于气缸内的做功行程，依靠能量转换实现动力的持续。在转换的同时也意味着产生高温、高压，此时要求动力持续传递就需要零部件不停地工作来实现。而发动机内部核心部件却工作在高温、高压之下，各零部件在有限的空间及间隙配合下要运转良好，需要良好的润滑条件来保证。但高温、高压以及高强度的工作条件会产生破坏作用，使其相互工作表面因为得不到良好的润滑而产生磨损；且相互摩擦工作面在正常的工作条件下也会存在正常磨损，日积月累，将引起汽车发动机的工作故障。因此，我们必须运用先进的检测设备，结合实际经验对它的故障进行分析和检查。并在发动机的解体维修中对各零部件进行测量，确定其磨损程度，以实际的检测数据来判断是维修还是更换，以节省维修成本，提高生产效率。

在发动机工作不良时，可以运用检测仪对其工作的数据流进行读取来比较检查；在未解体的情况下运用缸压表、点火正时枪、真空表等检测设备进行故障点判断检查。在解体后，对各零部件本体、工作表面、配合间隙磨损、损伤进行精确测量。

在各行各业中，工具设备的使用非常普遍，没有工具或设备，工作效率和质量就会大打折扣甚至无法开展。在汽车行业中也是一样，车辆的维护保养需要非常多的设备和工具。可以说，在施工作业中，工具设备的齐全程度，直接关系到企业的业务量和竞争力。一些维修企业每年都会花费一部分资金来购买好的工具和设备，以提高工作效率和质量。下面我们来认识一下在车辆维护保养中常用的设备、工具、量具及耗材。

一、常用设备

1）变速器举升机：主要用于车辆举升时，从车辆的底部举升变速器总成，使用方法比较简单，主要利用液压原理举升重物，如图 1-1 所示。

2）地藏剪式举升机：剪形隐藏式举升机结构超薄，占用空间小，不需要施工地坑基础。它包括两组差位液压缸，以及气动及电气元器件，设备运行平稳。采用气动宽齿自锁保险及防管爆装置，安全可靠，便于轮胎拆卸和底盘检修。可升级至延伸平台结构，适合各种车型，如图 1-2 所示。

图 1-1　变速器举升机

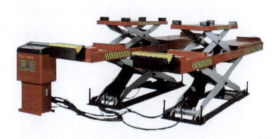

图 1-2　地藏剪式举升机

3）地面小型剪式举升机：它采用了精巧的剪式地面安装设计，便于轮胎拆卸和底盘检修。地面安装举车高度达 105mm。采用液压缸液压自锁保险及防管爆装置，运行平稳，同步性能优越。举升机包括了液压、气动及电气元器件，设备运行平稳可靠，如图 1-3 所示。

4）龙门式两柱举升机：它是一种汽车修理和保养企业常用的专用机械举升设备。龙门式举升机是举升机的主要类型，广泛应用于轿车等小型车的维修和保养，如图 1-4 所示。

图 1-3　地面小型剪式举升机

图 1-4　龙门式两柱举升机

5）四轮定位仪：汽车四轮定位仪是用于检测汽车车轮定位参数，并与原厂设计参数进行对比，指导使用者对车轮定位参数进行相应调整，使其符合原设计要求，以达到理想的汽车行驶性能，即操纵轻便、行驶稳定可靠、减少轮胎偏磨损的精密测量仪器，如图1-5所示。

6）立式千斤顶：操作方便，适用于大型车更换轮胎等，如图1-6所示。

图 1-5　四轮定位仪

图 1-6　立式千斤顶

7）卧式千斤顶：其结构轻巧坚固、灵活可靠，一人即可携带和操作。卧式千斤顶是千斤顶的一种，主要用于底盘较低的小型车辆维修等，如图1-7所示。

8）小型安全支架：使用千斤顶顶起车辆作业时，放置安全支架支撑车辆，可以提高安全性，如图1-8所示。

图 1-7　卧式千斤顶

图 1-8　小型安全支架

9）发动机吊架：从车上吊卸和安装发动机，省时、省力、提高效率，如图1-9所示。

10）车轮动平衡机：它的作用就是检测和消除轮胎的不平衡，让轮胎保持正常、安全行驶，如图1-10所示。

图 1-9　发动机吊架

图 1-10　车轮动平衡机

11）轮胎拆装机：俗称拆胎机、扒胎机，用于安装和拆卸汽车轮胎，可以为汽车、摩托车和重型货车等不同车辆更换和修补轮胎。它是汽车维修厂和4S店必备设备。有气动式和液压式两种，最常用的是气动式，如图1-11所示。

12）空气压缩机：俗称打气机、充气泵、充气机。它通过电动机驱动来工作，是一种充气设备，如图1-12所示。

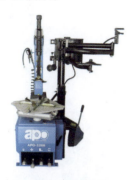

图1-11　轮胎拆装机

图1-12　空气压缩机

13）齿轮油加注器：它是利用压缩空气作为动力，推动柱塞泵做往复运动，进行齿轮油输送和加注的设备。与传统手工加油方法相比，它极大地提高了工作效率，降低了人工成本，如图1-13所示。

14）废油回收器：它是用来储存汽车更换下来的废机油，对更换下来的废机油进行回收，防止造成环境污染的设备，如图1-14所示。

图1-13　齿轮油加注器

图1-14　废油回收器

15）制冷剂回收加注机：制冷剂回收加注机是集制冷剂回收、抽真空、制冷剂加注、检漏等多功能于一体的机器，如图1-15所示。

16）空调可视清洗枪：清洗空调系统的工具，适用于视线不及和清洁困难的狭小空间和死角，配合对应的清洁剂和消杀剂实现无损伤清洁及消杀功能，如图1-16所示。

17）自动变速器换油机：它是一种对汽车变速器油进行更换的设备，设备将旧油回收并进行计量，同时将同样重量的新油注入汽车，保持汽车自动变速器油量不变，如图1-17所示。

18）蓄电池充电机：可对12V　100A·h以下的蓄电池进行充电、放电、快速充电、活化。它采用了新型功耗元件，设定后的恒流值不因蓄电池组电压的降低而改变，可以自动调整，实现恒流放电，如图1-18所示。

图 1-15　制冷剂回收加注机　　　　图 1-16　空调可视清洗枪

图 1-17　自动变速器换油机　　　　图 1-18　蓄电池充电机

19）解码仪套装：它是用来分析车辆故障的重要电子仪器，如图1-19所示。解码仪主机如图1-20所示。

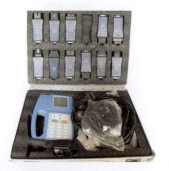
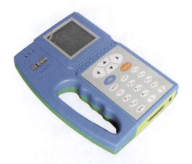

图 1-19　解码仪套装　　　　　　　图 1-20　解码仪主机

三　常用耗材

1）机油：机油有缓解摩擦与冷却作用，足够厚度的油膜将相对滑动的零件表面隔开，从而达到减少磨损的目的。它还有以下作用：密封作用，机油可以在活塞环与活塞之间形成一个密封圈，减少气体的泄漏且防止外界污染物进入；防锈作用，机油能吸附在零件表面，防止水、空气、酸性物质及有害气体与零件的接触；缓冲作用，当发动机气缸压力急剧上升时，会突然加剧活塞、活塞销、连杆和曲轴轴承上的负荷，此时机油可以起到缓冲作用；清洁作用，好的机油能够将发动机零件上的积炭、油泥、磨损金属颗粒通过循环带回油底壳,通过机油的流动,冲洗零件工作面上产生的脏物,如图1-21所示。

2)自动变速器油:是一种多用途、多功能的润滑油,主要用于汽车自动变速器。在自动变速器中装有液力变矩器、齿轮机构、液压机构、离合器和涡轮传动装置等,这些机构均用同一种油润滑和传送能量,如图1-22所示。

图 1-21 机油

图 1-22 自动变速器油

3)齿轮油:汽车齿轮油用于汽车手动变速器以及驱动桥等齿轮传动机构中。由于齿轮传动时其表面压力高,所以齿轮油对齿轮的润滑、抗磨、冷却、散热、防腐抗锈、洗涤和降低齿面冲击与噪声等方面起着重要作用,如图1-23所示。

4)润滑脂(俗称黄油):主要用于减少摩擦,其次还有保护零件表面和密封防渗漏的作用,如图1-24所示。

图 1-23 齿轮油

图 1-24 润滑脂

5)冷却液:具有保护发动机冷却系统免遭锈蚀和腐蚀,有效抑制水垢形成,防止散热器过热,减少冷却液蒸发,为水泵节温器及其他部件提供润滑作用,如图1-25所示。

6)制动液:它是液压制动系统中用于传递制动压力的液态介质,用于采用了液压制动系统的车辆。制动液俗称制动油或刹车油,是制动系统不可缺少的部分。在制动系统之中,它作为制动力传递的介质,因为液体是不能被压缩的,所以从主缸输出的压力会通过制动液直接传递至轮缸之中。在密封的容器中或充满液体的管路中,当液体受到压力时,便会很快地、均匀地把压力传到液体的各个部分。液压制动便是利用这个原理进行工作的,如图1-26、图1-27所示。

图 1-25 冷却液

图 1-26　制动液（一）　　　　　　　图 1-27　制动液（二）

7）机油滤清器：它用于去除机油中的灰尘、金属颗粒、积炭和颗粒物等杂质，保护发动机，如图 1-28、图 1-29 所示。

图 1-28　机油滤清器（一）　　　　　　　图 1-29　机油滤清器（二）

8）空气滤清器：安装在发动机的进气口位置，它能够有效地过滤空气中的灰尘、杂质，防止空气中的灰尘进入发动机，使进入燃烧室的空气纯净度大大增高，从而保证燃油燃烧充分，如图 1-30、图 1-31 所示。

图 1-30　空气滤清器（一）　　　　　　　图 1-31　空气滤清器（二）

9）汽油滤清器：汽油滤清器在汽车配件中属耗损件，是要经常更换的。汽油滤清器是发动机燃油供给系统中相当重要的一部分，如图 1-32 所示。

10）空调滤清器：它用于过滤从外界进入车厢内部的空气，使空气的洁净度提高，可过滤空气中所包含的杂质、微小颗粒物、花粉、细菌、工业废气和灰尘等，如图 1-33、图 1-34 所示。

 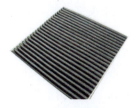

图 1-32　汽油滤清器　　　　　　图 1-33　空调滤清器（一）

11）火花塞：它用于把点火线圈产生的高压电（10kV 以上）引入发动机气缸，在火花塞电极的间隙之间产生电火花点燃混合气，如图 1-35、图 1-36 所示。

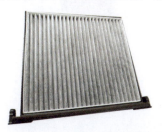 

图 1-34　空调滤清器（二）　　　　图 1-35　火花塞（一）

12）卡式平衡块：又称轮胎平衡块。它是安装在车轮上的配重部件，作用是使车轮在高速旋转下保持动平衡。卡式平衡块安装在轮毂边缘，如图 1-37 所示。

图 1-36　火花塞（二）　　　　　图 1-37　卡式平衡块

13）粘贴式平衡块：又称轮胎平衡块。它是车辆安装在车轮上的配重部件，作用是使车轮在高速旋转下保持动平衡。粘贴式平衡块贴于轮毂的内圈，如图 1-38 所示。

14）防锈喷剂：有效的防锈取决于对金属表面的保护，从而阻止或延缓水分、氧气和其他杂质的入侵，如图 1-39 所示。

图 1-38　粘贴式平衡块　　　　　图 1-39　防锈喷剂

15）防锈润滑喷剂：为金属加工液，它可以起到优良的润滑、防锈作用，能够防止金属表面磨损，对于合金有很好的缓蚀作用，同时它有极好的抗硬水、乳化、增稠、抗再沉积的作用，如图1-40所示。

16）化油器清洗剂：它是一种清洗剂，主要用于各种工件、节气门、发动机内的无定形类积炭、石墨类积炭的清洗，也可用于各种催化剂上无定形类积炭、石墨类积炭的清洗，如图1-41所示。

图1-40　防锈润滑喷剂

图1-41　化油器清洗剂

17）密封胶：它有粘接和密封双重作用，使用密封胶是解决三漏（漏水、漏气、漏油）的有效措施。密封胶在汽车生产中可简化工艺、节省材料、增强构件强度，尤其在防振、隔热、防腐、防锈、防漏、防松动、降低噪声、减轻自重、舒适安全等方面有特殊作用，已成为现代汽车生产中必不可少的材料，如图1-42所示。

四　常用工具和量具

图1-42　密封胶

1）拆装工具120件套装：适用于汽车维修，工具种类多，用途广，可减少找工具时间，快捷方便，如图1-43所示。

2）套筒：它是带六角孔或十二角孔的转接部件。套筒需要配备手柄、接杆等多种附件，特别适用于拆装空间十分狭小或凹陷很深的螺栓或螺母，如图1-44所示。

图1-43　拆装工具120件套装

图1-44　普通套筒

3）重型套筒：重型套筒的内六棱根据螺栓的型号依次排列，可以根据需要选用。它适用于拆装拧紧力矩较大的螺栓或螺母，如图1-45所示。

4）气动扳手套筒：气动扳手套筒是一种气动扳手专用的套筒，这种套筒比一般的套筒要结实，更耐冲击如图1-46所示。

图1-45　重型套筒　　　　　　　　图1-46　气动扳手套筒

5）火花塞专用套筒：用于拆装发动机火花塞。常用的火花塞套筒有14mm、16mm和21mm三类，如图1-47所示。

6）专用花键套筒：用于拆卸内花键螺栓，如发动机气缸盖螺栓、正时齿轮螺栓，如图1-48所示。

图1-47　火花塞专用套筒　　　　　图1-48　专用花键套筒

7）41件批嘴套装：它主要用于对一些所处位置比较特殊的螺钉进行拆装，比如凹陷很深或者所处位置较低的螺钉，如图1-49所示。

8）内六角套筒：它除具有内六角扳手的一般功用外，特别适用于旋动空间狭小或凹下很深位置，以及转动角度较小等操作不便的内六角螺栓的紧固和拆卸。内六角套筒头，其特征是直接头方标或方孔与正六角柱体连为一体，如图1-50所示。

图1-49　41件批嘴套装　　　　　　图1-50　内六角套筒

9）内六角扳手：适用于内六角螺栓（螺塞）的拆装，大大降低了使用者的劳动强度。内六角扳手外形一般呈 L 形，也有球头和非球头的区别，如图 1-51 所示。

10）内六星扳手：用于紧固和拆卸内六星螺钉，可降低操作人员的劳动强度，如图 1-52 所示。

图 1-51　内六角扳手

图 1-52　内六星扳手

11）大转中套筒转接头：它可将现有不同尺寸、规格的手柄和套筒配合使用，如图 1-53 所示。

12）万向节：套筒的方形套头部分可以前后或左右转动，扳手手柄和套筒之间的角度可以自由变化，使其成为在有限空间内工作的工具，如图 1-54 所示。

图 1-53　大转中套筒转接头

图 1-54　万向节

13）接杆：接杆也称延长杆或加长杆，是套筒类成套工具不可缺少的一部分。日常汽车维修工作中，有 75mm、125mm、150mm 和 250mm 等不同长度的接杆供选用。接杆的主要作用是加装在套筒和配套手柄之间，用于拆卸和更换仅凭套筒和手柄无法接触的螺栓。另外，在拆卸平面上的螺栓、螺母时，工具会紧贴在操作面上，妨碍正常拆卸，甚至会产生安全事故。使用接杆可将工具抬离平面一定高度，便于操作，如图 1-55 所示。

14）短接杆：是套筒类成套工具不可缺少的一部分，如图 1-56、图 1-57 所示。

图 1-55　接杆

图 1-56　短接杆（一）

15）气动扳手短接杆：气动扳手短接杆是一种气动扳手专用的接杆，这种接杆比一般的接杆要结实，如图 1-58 所示。

图 1-57　短接杆（二）　　　　　　　　图 1-58　气动扳手短接杆

16）套筒加力杆：俗称摇头手柄或扳杆，可用于拆下或更换要求大力矩的螺栓或螺母，也可在调整好手柄后进行迅速旋转。但其手柄很长，很难在狭窄空间下使用，如图 1-59 所示。

17）弯接杆：也称 L 形手柄，结构简单，没有铰链等角度可调的部件，因此强度高，能承受较大力矩，如图 1-60 所示。

图 1-59　套筒加力杆　　　　　　　　图 1-60　弯接杆

18）滑杆：滑杆也称滑动 T 形杆，是套筒专用配套手柄，横杆部可以滑动调节。通过滑动部分，手柄可以有两种使用方法：形成 T 形结构，两只手同时用力，可以加快拆卸速度，但要求的工作空间较大；形成 L 形结构，可以增加力矩，达到拆卸或紧固螺栓的目的，与 L 形扳手类似，如图 1-61 所示。

19）快速摇杆：俗称摇把，是旋动螺母最快的配套手柄，但不能在螺母上施加太大的力矩，主要用于拧下已经松动的螺母，或者把螺母快速拧上，如图 1-62 所示。

 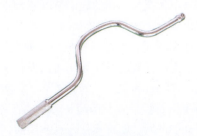

图 1-61　滑杆　　　　　　　　图 1-62　快速摇杆

20）一字槽、十字槽螺钉旋具：一字槽螺钉旋具用于旋紧或松开头部开一字槽的螺钉，一般工作部分用碳素工具钢制成，并经淬火处理。一字槽螺钉旋具由手柄、刀体、和刃口组成；其规格以刀体部分的长度表示，常用规格有 100mm、150mm、200mm 和 300mm 等几种，使用时，应根据螺钉沟槽的宽度选用相应的规格。十字槽螺钉旋具用于旋紧或松开头部带十字槽的螺钉，材料和规格与一字槽螺钉旋具相同，如图1-63所示。

21）短柄螺钉旋具：有些地方不方便用长柄的螺钉旋具，比如在空间狭小的地方，长螺钉旋具根本就放不进去，这时候短柄螺钉旋具就派上用场了，如图1-64所示。

图1-63　一字槽、十字槽螺钉旋具

图1-64　短柄螺钉旋具

22）星形螺钉旋具套装：主要用于头部开有星形凹槽的螺钉，如图1-65所示。

23）棘轮扳手：也称快速扳手，与套筒组合使用维护作业中有较高的使用频率。棘轮扳手主要由套筒头、手柄、棘轮手柄、快速摇柄、接头和接杆等组成，各种手柄适用于各种不同的场合，以操作方便或提高效率为原则，常用棘轮扳手的规格是10～32mm，如图1-66所示。

图1-65　星形螺钉旋具套装

图1-66　棘轮扳手

24）活扳手：其开口尺寸能在一定的范围内任意调整，使用场合与呆扳手相同，但活扳手操作起来不太灵活。它的规格是以最大开口宽度（mm）来表示的，常用有150mm、300mm等，通常是由碳素钢或合金钢制成的，如图1-67所示。

25）呆扳手：它是最常见的一种扳手，俗称开口扳手。其开口的中心平面和本体中心平面成15°角，这样既能适应使用者的操作方向，又可降低对操作空间的要求。其规格是以两端开口的宽度S（mm）来表示的，通常是成套装备，有8件一套、10件一套等，如图1-68所示。

26）梅花扳手：其两端是环状的，环的内孔由两个正六边形互相同轴错转30°而成。使用时，扳动30°后，即可换位再套，因而适用于狭窄场合下操作。与呆扳手相比，梅花扳手强度高，使用时不易滑脱，但套上、取下不方便。它的规格是以闭口尺寸S（mm）来表示的，通常是成套装备，有8件一套、10件一套等，通常用45钢或40Cr合金钢锻造，并经热处理，如图1-69所示。

图 1-67　活扳手　　　　　　　　　　　图 1-68　呆扳手

27）梅开扳手（带棘轮）：棘轮梅开扳手是一种手动螺栓松紧工具。它是由不同规格尺寸的主梅花套和从梅花套通过铰接键的阴键和阳键咬合的方式连接的。由于一个梅花套具有两个规格的梅花形通孔，使它可以用于两种规格螺栓的松紧，从而扩大了使用范围，节省了原材料和工时费用，如图 1-70 所示。

图 1-69　梅花扳手　　　　　　　　　图 1-70　梅开扳手（带棘轮）

28）梅开扳手：结合了梅花扳手和呆扳手特点的一种扳手，如图 1-71 所示。

29）油管扳手：它是维修制动系统管路时必备的工具，是介于梅花扳手和呆扳手之间的一种扳手，如图 1-72 所示。

图 1-71　梅开扳手　　　　　　　　　　图 1-72　油管扳手

30）万能扳手：它主要的特点是一扳多用，可以拆卸安装各种零件，使用方便，效率高，牢固可靠，体轻便于携带，如图 1-73 所示。

31）预置式扭力扳手：具有预设力矩数值和声响装置。使用时，首先设定好一个需要的力矩值上限，当施加的力矩达到设定值时，扳手会发出"咔嗒"声响，或者扳手连接处折弯一点角度，同时伴有明显的手感振动，这就代表已经紧固不要再加力了。解除作用力后，扳手各相关零件能自动复位，如图 1-74 所示。

图 1-73　万能扳手

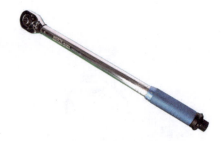
图 1-74　预置式扭力扳手

32）指针式扭力扳手：它是一种可读出所施力矩大小的专用工具。其规格是以最大可测力矩来划分的，常用的有 294N·m、490N·m 两种；扭力扳手除用来控制螺纹件拧紧力矩外，还可以用来测量旋转件的起动力矩，以检查配合、装配情况，如图 1-75 所示。

33）T 杆套筒：是安装或拆卸螺栓的一种专用工具，如图 1-76 所示。

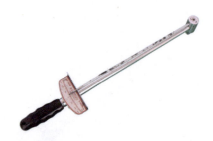
图 1-75　指针式扭力扳手

图 1-76　T 杆套筒

34）钢丝钳：俗称平口钳、综合钳。它可以把坚硬的细钢丝夹断，有不同的种类。它在工业、生活中都经常用到，如图 1-77 所示。

35）剪钳：可以用来剪断塑料或金属的连接部位，比起用手拧省时省力。剪钳形状像剪子，而头部比普通的剪子更小、更厚，就像钳子头部的后半部分，但比普通剪刀更省力，不易损坏，如图 1-78 所示。

图 1-77　钢丝钳

图 1-78　剪钳

36）尖嘴钳：因其头部细长，所以能在较小的空间工作，带刃口的钳子能剪切细小零件。它在使用时不能用力太大，否则钳口头部会变形或断裂，规格以钳长来表示，常用的是 160mm，如图 1-79 所示。

37）卡簧钳：它是一种用来安装内簧环和外簧环的专用工具，钳头可采用内直、外直、内弯、外弯等形式。卡簧钳不仅可以用于安装簧环，也能用于拆卸簧环。卡簧钳分为外卡簧钳和内卡簧钳两大类，分别用来拆装轴外用卡簧和孔内用卡簧。其中外卡簧钳又称为轴用卡簧钳，内卡簧钳又称为孔用卡簧钳，如图1-80所示。

图1-79　尖嘴钳

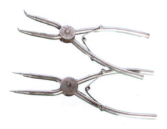

图1-80　卡簧钳

38）鲤鱼钳：钳头的前部是平口细齿，适用于夹捏一般小零件，中部凹口粗长，用于夹持圆柱形零件，也可以代替扳手旋小螺栓、小螺母，钳口后部的刃口可剪切金属丝。由于一片钳体上有两个互相贯通的孔，又有一个特殊的销子，所以操作时钳口的张开度可很方便地变化，以适应夹持不同大小的零件，是汽车维修作业中使用最多的钳子，规格以钳长来表示，一般有165mm、200mm两种，用50钢制造，如图1-81所示。

39）大力钳：主要用于夹持零件进行铆接、焊接、磨削等加工，其特点是钳口可以锁紧并产生很大的夹紧力，使被夹紧零件不会松脱，而且钳口有很多档调节位置，供夹紧不同厚度零件使用，另外也可当扳手使用，如图1-82所示。

图1-81　鲤鱼钳

图1-82　大力钳

40）鳄鱼大力钳：增加了钳头与方块之间的焊接面积，有效防止夹持时出现脱焊情况，此外对方块上的凸齿块进行结构改进，避免了夹持推送时对塑胶软管造成损坏，确保工作的可靠性，提高使用寿命，如图1-83所示。

41）油管卡箍钳：它是安装和拆卸卡箍的专用工具，采用优质碳素工具钢制造并经热处理加工而成，如图1-84所示。

图1-83　鳄鱼大力钳

图1-84　油管卡箍钳

42）平衡块拆装钳：用于拆装汽车轮毂的平衡块，可剪切平衡块，可用于敲击、安装平衡块，如图 1-85 所示。

43）管钳：主要用于扭转金属管子或其他圆柱工件。管钳上有牙，工作时会将工作表面磨损，应避免用来拆装螺栓、螺母，如图 1-86 所示。

图 1-85　平衡块拆装钳

图 1-86　管钳

44）大铁锤：主要用于钢板原始损坏的粗校正，使损坏部位大致恢复到原形，对于小范围内的凹陷或凸起，可再使用精修锤进行精细修整，如图 1-87 所示。

45）圆头铁锤：又称圆顶锤。其锤头一端平面略呈弧形，是基本工作面，另一端是球面，用来敲击凹凸形状的工件。规格以锤头质量来表示，以 0.5~0.75kg 的最为常用，锤头以 45 号、50 号钢锻造，两端工作面热处理后硬度一般为 50~57HRC，如图 1-88 所示。

图 1-87　大铁锤

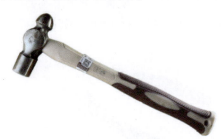

图 1-88　圆头铁锤

46）方扁铁锤：主要用于钢板原始损坏的粗校正，使损坏部位大致恢复到原形，对于小范围内的凹陷或凸起，可再使用精修锤进行精细修整，如图 1-89 所示。

47）橡胶锤：橡胶锤主要用于修整表面微小的凹陷，而不破坏表面的光泽，如图 1-90、图 1-91 所示。

图 1-89　方扁铁锤

图 1-90　橡胶锤（一）

48）冲击批：冲击批又称冲击螺钉旋具，顾名思义就是利用冲击力拧紧或拆卸螺钉的。冲击螺钉旋具的工作原理是利用冲击力使得轴向移动手柄压缩击发或复位弹簧，并通过调节转动方向将螺钉拧紧或旋出,电动冲击螺钉旋具一般用螺钉旋具头抵住螺钉后,握住冲击螺钉旋具用力即可;手动冲击螺钉旋具还要搭配锤子进行锤击敲打,如图1-92所示。

图1-91 橡胶锤（二）

图1-92 冲击批

49）气动扳手：压缩空气进入气动扳手气缸之后带动里面的叶轮转动而产生旋转动力,同时叶轮再带动相连接的打击部位进行类似锤打的运动,即可把螺钉拧紧或者松开。它是一种既高效又安全的拆装螺钉的气动工具,如图1-93所示。

50）顶拔器：它适用于多种轴承的拆卸,如图1-94所示。

图1-93 气动扳手

图1-94 顶拔器

51）减振弹簧压缩器：它是为了方便安装或更换减振器弹簧而制造的专用工具,如图1-95所示。

52）盘式制动器轮缸活塞压缩器：它是用来调整盘式制动器轮缸,以便安装制动摩擦片的工具,如图1-96所示。

图1-95 减振弹簧压缩器

图1-96 盘式制动器轮缸活塞压缩器

53）活塞环压缩工具：它是一种在安装活塞时使用的专用工具,作用是将活塞环压缩到与活塞同样大小,以方便装入气缸,如图1-97所示。

54）气门弹簧压缩工具：用于拆装气门时压缩气门弹簧的专用工具，如图1-98所示。

图1-97 活塞环压缩工具

图1-98 气门弹簧压缩工具

55）自动变速器油更换套件：可以适应多种车型，方便、有效、快捷，如图1-99所示。

56）自动变速器油更换转接头：可以适应多种车型，提高效率，如图1-100、图1-101所示。

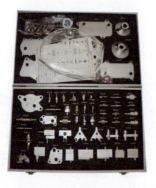

图1-99 自动变速器油更换套件

图1-100 自动变速器油更换转接头（一）

57）油管接头拆卸工具：一种能够快速拆卸液压油管接头，使用方便的液压油管接头拆卸工具，包括丝头端扳手卡口及油管接头端扳手卡口，如图1-102所示。

图1-101 自动变速器油更换转接头（二）

图1-102 油管接头拆卸工具

58）扁撬棍：它是利用杠杆原理将重物从地面抬起并发生位移的工具，可在拆装轮胎等时使用，如图1-103所示。

59）磁棒（吸铁棒）：用于车间维修时，拾取掉落在缝隙的工具、螺栓等，如图1-104所示。

图1-103 扁撬棍

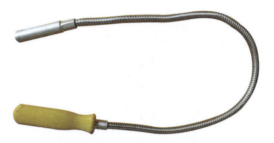

图1-104 磁棒（吸铁棒）

60）方向盘拆卸套装：专用于方向盘的拆卸工具，如图1-105所示。

61）火花塞专用拆装工具：又称火花塞扳手，是用于拆装火花塞的专用工具，为内六角筒式结构，筒身上方有手柄穿入孔，如图1-106所示。

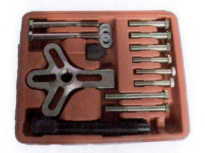

图1-105 方向盘拆卸套装

图1-106 火花塞专用拆装工具

62）环形机油滤清器扳手：它的结构简单，能拆卸多种尺寸的滤清器，不用与其他工具配合使用，可提高工作效率。它的结构为一个可调大小的环形，环形内侧设计为锯齿状。使用时将其套在滤清器顶部的菱形面上，扳动手柄时，扳手的环形会根据滤清器大小卡在滤清器的菱形面上，顺利地完成拆卸工作，如图1-107所示。

63）机油滤清器套筒套装：每个套筒对应一种尺寸的机油滤清器，需选配后使用，制造成本高，携带不方便，使用起来麻烦。但是它可以和机油滤清器无缝相扣，对机油滤清器没有损伤，如图1-108所示。

图1-107 环形机油滤清器扳手

图1-108 机油滤清器套筒套装

64）三爪式机油滤清器扳手：用于装卸机油滤清器，下面用一个棘轮扳手转动，三个爪朝上从下面抓紧滤清器，如图1-109所示。

65）制动液真空壶：可以一个人快捷更换制动液的工具，如图1-110所示。

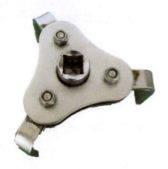 

图1-109　三爪式机油滤清器扳手　　　　　图1-110　制动液真空壶

66）漏斗：在加注油、水时使用，可以有效防止油、水滴到汽车上，如图1-111所示。

67）工具车：适用于工具、刀具、零部件在生产现场的定置管理，使物品存取真正做到准时、准确、高效，如图1-112所示。

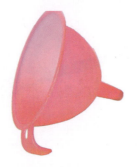 

图1-111　漏斗　　　　　图1-112　工具车

68）零件车：用来放置零部件，使零部件存取真正做到准时、准确、高效，如图1-113所示。

69）油盆：可用来盛放机油、冷却液等，以及在零件清洗时使用，如图1-114所示。

图1-113　零件车　　　　　图1-114　油盆

70）螺钉盒：用于盛放螺钉，以免丢失，方便寻找，如图1-115所示。

71）柴油机气缸压力表：用于检测气缸压缩压力的专用仪表。气缸压缩压力的大小与气缸密封性的好坏有直接的关系。气缸密封性是影响柴油机动力性和经济性的主要因素之一。它与气缸、气缸盖、气缸垫、活塞、活塞环，以及进、排气门等零件状况有关。在柴油机使用过程中，由于零件的磨损、烧蚀、积炭、破损等原因，会引起气缸密封性降低，气缸的压缩压力不足，如图 1-116 所示。

图 1-115　螺钉盒

图 1-116　柴油机气缸压力表

72）汽油机气缸压力表：气缸压力表是用于检测气缸压缩压力的专用仪表，气缸密封性是影响汽油机动力性和经济性的主要因素之一，如图 1-117 所示。

73）燃油压力表：它是用来检测燃油供给和喷射系统油压的专用工具，是对燃油系统进行检查和故障诊断的常用工具，如图 1-118 所示。

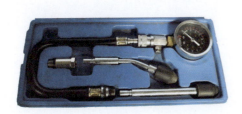

图 1-117　汽油机气缸压力表

图 1-118　燃油压力表

74）真空表：用来检查汽车节气门后方的真空度，如图 1-119 所示。

75）轮胎压力表：简称胎压计，主要用于给轮胎充气、放气、测压等方面。它是车辆轮胎安全性的重要识别工具，如图 1-120 所示。

图 1-119　真空表

图 1-120　轮胎压力表

76）数字万用表：它是在电气测量中要用到的电子仪器。它可以有很多特殊功能，但主要功能就是对电压、电阻和电流进行测量，如图1-121所示。

77）制动液含水量检测器：它用于快速检测制动液性能，通过测试制动液的含水量，快速检测制动液的好坏，便于及时更换制动液，如图1-122所示。

 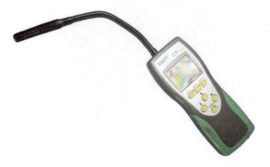

图1-121　数字万用表　　　　　　图1-122　制动液含水量检测器

78）内径百分表：内径百分表又称量缸表，是一种用于测量孔径的比较性量具，在汽车维修中，主要用于测量发动机气缸和轴承座孔的圆度偏差、圆柱度偏差或零件磨损情况，如图1-123所示。

79）外径百分表：用来测量圆柱体的径向圆跳动量，如图1-124所示。

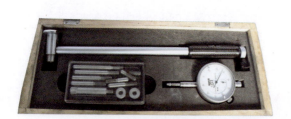 

图1-123　内径百分表　　　　　　图1-124　外径百分表

80）磁铁表座：也称万向表座，在汽修行业通常与外径百分表配合使用，用于测量圆柱体的径向圆跳动量，如图1-125所示。

81）塞尺：俗称测微片或厚薄规，是用于检验间隙的测量器具之一，横截面为直角三角形，在斜边上有刻度，利用锐角正弦直接将短边的长度表示在斜边上，这样就可以直接读出间隙的大小了。塞尺使用前必须先清除塞尺和工件上的污垢与灰尘。使用时可用一片或数片重叠插入间隙，以稍感拖滞为宜。测量时动作要轻，不允许硬插，也不允许测量温度较高的零件，如图1-126所示。

图 1-125　磁铁表座

图 1-126　塞尺

82）外径千分尺：也称螺旋测微器，简称为"千分尺"。它是比游标卡尺更精密的长度测量仪器，精度有 0.01mm、0.02mm、0.05mm 几种，加上估读的 1 位，可读取到小数点后第 3 位（千分位），故称千分尺。千分尺常用规格有 0～25mm、25～50mm、50～75mm、75～100mm、100～125mm 等很多种，如图 1-127 所示。

图 1-127　外径千分尺

83）游标卡尺：它是一种测量长度、内外径、深度的量具。游标卡尺由主尺和附在主尺上能滑动的游标两部分构成。若从背面看，游标是一个整体。深度尺与游标尺连在一起，可以测槽和筒的深度，如图 1-128 所示。

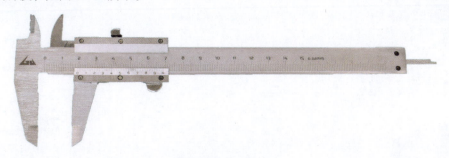

图 1-128　游标卡尺

第二章
常用设备的使用操作

第一节　认识与使用举升机

从20世纪90年代开始，国内汽修企业中举升机逐渐开始普及。随着我国汽车保有量的增加，举升机作为汽车维修的重要设备，需求量也大大增加。现在举升机市场已经拥有近百个中外品牌，产品系列成百上千。国外品牌价格较高，但依靠其产品质量好、性能稳定、设备操作简单，在经销商中建立了良好的口碑。随着近几年国内举升机行业的发展，无论在产品设计、技术开发，还是售后服务方面，都进行了很多改进，举升机销量也大大提高。

一　举升机对维修车辆有什么影响

举升机是汽车维修行业中非常重要的汽车维修保养设备，在汽车的维修保养工作中发挥着重要的作用。无论是汽车的大修或者是小保养，都离不开举升机，而且举升机的质量好坏直接关系到维修人员的工作效率和人身安全。作为汽车维修的重要设备，举升机具有严格的产品质量要求，需要保持良好、稳定的性能。目前，随着国内汽车市场的不断壮大，举升机的需求不断增加，所以销量大大提高。

二　举升机的作用与种类

1. 举升机的作用

汽车举升机是指汽车维修行业用于汽车举升的设备。在规模各异的维修养护企业中，无论是维修多种车型的综合类修理厂，还是经营范围单一的街边店（如轮胎修理店），几乎都配备有举升机。

举升机是车辆维护保养的常用设备之一。它能举升车辆，使其离开地面一定高度，以便于维护人员进入汽车底部作业，或进行车轮拆卸、四轮定位等工作。

2. 举升机的种类

举升机的种类大致分为单柱式、双柱式、四柱式、剪式以及地藏式举升机，其中以两柱式、四柱式使用居多。

（1）单柱式

单柱式举升机是将停放在地面上的轿车等交通工具举升到一定高度进行维修的专用设备，是一种典型的用于汽车及工程车辆局部举升，以便更换车轮轮胎或对车辆底盘进行各种维修作业的机具。

优点：单柱举升机操作容易、美观、不占用空间便能将重物方便省力地举起，具有省时、省力的效果，不用时完全放置于地面，方便汽车倒车和放置物品，是汽车修理不可缺少的设备。单柱车辆举升机分可移动式和固定式两种类型。

单柱移动式举升机适用于室内外场地，单柱固定式举升机适用于室内面积较为紧凑的场所。

（2）双柱式

双柱式汽车举升机是一种汽车修理和保养单位常用的专用机械举升设备，广泛应用于轿车等小型车的维修和保养。双柱式汽车举升机将汽车举升在空中的同时可以节省大量的地面空间，方便地面作业。但是，双柱式汽车举升机为了尽可能节省材料，一般都去掉底板。由于没有底板，使得立柱的扭力需要靠地面来抵消，所以对地基要求很高，若是有横梁（龙门举升机）就靠横梁抵消。双柱式举升机有对称式和非对称式两种。

对称式举升机四根臂的臂长相等，这样使得汽车中心（或质心）处于立柱的中间位置，对于皮卡和厢式货车等类型的汽车的日常维修来说，这种对称式举升机可能是最佳的选择。但是，对于一些柱间宽度不够大的对称式双柱式举升机来说，汽车举升后不能打开车门是一个很大的缺点。

非对称式举升机的立柱向后旋转了一个角度（大约30°），并且前臂比后臂稍微短一些。当把汽车停放到这种非对称式的举升机的适当位置时，车的位置就向后移动了一些，因此，我们就可以很容易地从车门进出。而且，这种非对称式举升机转动的立柱，可以确保车辆的重心安全地定位在立柱之间。

（3）四柱式

四柱式举升机是一种大吨位汽车或货车修理和保养单位常用的专用机械举升设备，四柱式举升机也很适合于四轮定位用，因为一般四柱式汽车举升机都有四轮定位档位，可以调整，可以确保水平。四柱举升机按其结构又分为上液压缸式以及下液压缸式两种。

上液压缸式四柱举升机，其液压缸置于立柱顶部（带横梁），下液压缸式的液压缸置于平板下面。上液压缸式四柱举升机主要依靠四根链条拉起四个角，拉力液压缸置于顶部，这种结构简单，但自重增加。多数上液压缸式四柱举升机二次举升为手动或气动，修理工需要跑到底下操作，这对于经常使用二次举升的用户不方便，也不安全。保险装置为气动装置，若没有气源则比较麻烦。

下液压缸四柱举升机主要依靠四根粗钢索拉起四角，拉力液压缸置于平板下面，通过六个圆盘将力传达四面。这种结构比较紧凑，自重降低。二次举升一般为电动液压，与主液压泵连接在一起，只要转动转换阀即可，升降速度快。保险装置为楔块式，四个楔块利用拉杆联动，扳动拉杆就可打开保险装置，方便耐用。

（4）剪式举升机

是用于汽车维修行业的汽车修理机械，靠液压系统驱动升降，也叫液压举升机，在汽车维修养护中发挥着至关重要的作用，整车大修及保养，都离不开液压剪式举升机。剪式举升机分为大剪（子母式）、小剪（单剪）举升机，超薄系列举升机。

小剪举升机主要用于汽车维修保养，安全性高，操作方便，挖槽后与地面相平。

大剪举升机用处比较多，是配合四轮定位仪的最佳设备，并可以作为汽车维修、轮胎、底盘检修用，可以挖槽，也可以直接安装在地面上。

超薄系列剪式举升机无需挖槽，适用于任何修理厂，有一些楼板上不适合安装双柱举升机以及普通四柱举升机，而该机与楼板接触面广，这样可以安装在任何可以开车的楼板上面，解决客户场地问题。这类机器是今后的主流产品，国外汽修企业大规模使用这类产品。

（5）地藏式举升机

它的主机部分安装于地面以下，只有托举车辆的托臂部分在地面上。将待检修车辆置于托臂上，操纵上升按钮，托臂随举升柱将车辆升至适宜高度，即可开始工作。检修完毕后，操纵下降按钮，托臂随举升柱降回地面，车辆可以开走。

三 认识与使用举升机的过程

认识与使用举升机的过程包括停放车辆、举升车辆和放下车辆三个过程。

（1）停放车辆

首先，将车辆正确引导至举升机工作区域，注意车辆两边距离相等。不能出现一边多一边少的现象，以免在举升车辆时造成车辆侧滑事故。

（2）举升车辆

举升车辆前首先将举升机四个托臂、托盘放置汽车底盘下（举升位置）。然后举升车辆至一定高度，对车辆的安全性进行检查，然后继续上升。举升合适高度后，使用举升机锁紧装置进行锁紧。然后放置安全支架之后方可进行作业。

（3）放下车辆

因为之前已经将举升机安全锁紧装置锁上，想要下降必须先上升然后解除锁紧装置，再放下车辆。在放下车辆时，举升机前后不能站人，以免出现安全事故。

1. 停放车辆

准备工具：举升机、车辆、安全支架。

将车辆停放在举升机内，注意前后左右的距离，尽量居中，举升机托臂能够放入车底。

1）在使用举升机时首先将车辆停放在举升机内合适的位置，不论是倒车进去还是向前开进去都要先把举升机托臂放下，如图 2-1 所示。

图 2-1　停放车辆

注意：车辆进入举升机时托臂不能摆放在中间。

2）车辆停好后可以让周围技术人员观察车身与立柱的距离是否过远或过近，过远会因为托臂长度不够导致车辆举升时发生侧滑。过近会导致在做项目需要打开车门时，车门难以打开，如图 2-2 所示。

3）所以，一般车辆停放标准都是车身左右两边的距离尽量相等，如图2-2、图2-3所示。

图2-2 左边边距

图2-3 右边边距

4）车身前后的位置，如图2-4所示。

注意：根据车型和停车位置的不同，尽量使汽车的重心与举升机的重心接近，严防偏重。

5）车身前后两边的距离应尽量相等，如图2-4、图2-5所示。

图2-4 车身后部距离

图2-5 车身前部距离

2. 举升车辆之前首先确定托盘放置位置

（1）确定车底裙部位置

一般在车底裙部的前后位置上，绝大多数车型在设计时都会有特殊的结构形状标注，如一个缺口、箭头标识等。

1）确定托盘接触的位置（车底后部裙边），如图2-6所示。

2）确定托盘接触的位置（车底前部裙边），如图2-7所示。

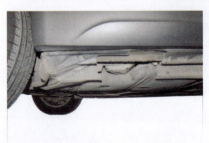

图2-6 确定托盘接触位置（车底后部裙边）

图2-7 确定托盘接触位置（车底前部裙边）

（2）转动举升机托臂，使托盘处于规定位置正下方

1）按下举升开关至托盘与车底裙边刚刚接触后松开，再检查调整各个托盘的位置至规定位

置，如图2-8所示。

2）拉起托臂旋转锁紧装置，然后将转动托臂放入车底，如图2-9所示。

图2-8　检查托盘　　　　　　　　　　　　图2-9　放入托臂

注意：转动、伸缩、调整举升臂至汽车底盘指定位置并使其接触牢靠。

3）接着将托盘与车底前部的接触点对正，因车型不同，托盘与底盘前部接触也有所改变，如图2-10所示。

4）然后将车后部的托盘与车底后部的接触点对正，如图2-11所示。

图2-10　前部对正　　　　　　　　　　　　图2-11　后部对正

5）按下举升按钮，举升车辆，如图2-12所示。

注意：举升机两侧应同时上升、同时下降。

6）在托盘与车底刚刚接触时停住，对车辆四个托盘进行检查，检查托盘安放位置是否准确，如图2-13所示。

图2-12　举升车辆　　　　　　　　　　　　图2-13　检查托盘位置是否准确

注意：检查四个托盘是否安放到位。

7）检查所有托盘是否均与车底接触，将没有与车底接触的托盘调整至与车底接触（四个托盘的高度要一致，以防车身倾斜），如图2-14所示。

标准：托盘平面均与车底位置接触。

（3）继续举升车辆

当车辆轮胎离地约200mm时，应先停下，检查车身是否放置平稳，同时观察车辆前后高度是否一致，若相差太大，应落下后对托盘高度再进行调整。

1）检查托盘摆放位置或四个托盘的高低，调整托盘后继续举升车辆，如图2-15所示。

图2-14 检查托盘是否到位

图2-15 继续举升

2）当车轮离地约200mm时停住，再次对四个托盘进行检查，检查位置是否合适。如不合适则应立即放下举升机重新安放托盘，如图2-16所示。

3）走到车前按压车头，观察车身有无摇晃，是否平稳，如不平稳立即放下车辆重新举升车辆，以避免出现安全事故，如图2-17所示。

图2-16 再次检查托盘

图2-17 按压车头

4）车辆平衡检查完成后继续举升车辆，如图2-18所示。

注意：车辆的总质量不能大于举升机的举升能力。举升机两侧应同时上升、同时下降。

5）举升车辆时，注意观察车顶与举升机顶部横梁之间的距离，不要让车顶与横梁接触，如图2-19所示。

注意：汽车举升时，要在汽车离开地面较低位置时进行支点复检，无异常现象时方可举升至所需高度。

（4）放置安全支架

按下下降手柄直至举升机保险自动锁止，当车辆停止下降时将安全支架放在车底前后合适的位置，即可开始项目作业。

图 2-18　继续举升车辆　　　　　图 2-19　注意车顶与举升机顶部横梁距离

1）举升至合适高度后，按下下降手柄，举升机保险自动锁止，车辆不再下降，解除自动锁止时人不能从车底走过去，必须从旁边走过，如图 2-20 所示。

注意：不得在举升机周围打闹，举升机在举升、下降过程中严禁在车下穿行，并禁止一切维修工作。

2）在车底前后都放入安全支架，如图 2-21 所示。

图 2-20　锁止举升机　　　　　　　图 2-21　放入安全支架

3）要注意安全支架摆放的位置，其顶部要与车底较为结实的部位对正，一般为车辆前轴中间和后轴中间，如图 2-22 所示。

4）安全支架放置的位置（前部），如图 2-23 所示。

图 2-22　安全支架的正确放入位置　　　图 2-23　安全支架放置位置（前部）

5）安全支架放置的位置（后部），如图 2-24 所示。

标准：底盘前、后部都必须放置安全支架。

3. 放下车辆

按下举升机开关，在车辆上升一个短的行程后松开，向举升机内侧拉动锁止装置拉索解锁

（若拉不动可将车辆上升一个行程后再拉），再按住下降手柄至举升托臂完全落地即可。

1）首先将车辆底盘前、后部的安全支架依次按顺序挪出，按住举升按钮1~2s后松开，如图2-25所示。

图2-24　安全支架放置位置（后部）

图2-25　上升解除锁止

2）用力拉动保险装置拉索解除锁止，注意一定要先举升再拉动拉索，否则拉不动，拉动保险装置拉索解除锁止时不能从车辆底盘下过去，因为安全支架已经移除，为了避免出现安全事故必须从车辆前、后部走过去，拉动保险装置拉索解除锁止，如图2-26所示。

3）继续按下下降手柄放下车辆，如图2-27所示。

图2-26　拉动保险装置拉索解除锁止

图2-27　降下车辆

注意：不得在举升机周围打闹，举升机在举升、下降过程中严禁在车下穿行，并禁止一切维修工作，举升机两侧应同时上升、同时下降。

4）将举升机托臂下放至最底部，如图2-28所示。

5）托臂放下到最底部后依次将举升机托臂转出，收紧托臂，如图2-29所示。

图2-28　托臂下放至最底部

图2-29　移出托臂

6）操作完成。托臂摆放整齐，如图2-30所示。

注意：车辆下降完成后应先将托臂摆放整齐（朝前或者朝后摆放），目的是为了避免对车辆移出举升机时造成影响。

7）举升机操作完成后再将举升机托臂拉出摆正，车辆开出。车辆开出时必须注意车身与举升机的距离，还有旁边不能站人，以免出现安全事故，如图2-31、图2-32所示。

图2-30　托臂摆放整齐　　　　　　　　图2-31　托臂拉出摆正

4. 举升机的部分操作说明

1）检查托臂的回缩情况。托盘安装是否灵活，托盘与底盘接触面是否有裂纹，如图2-33所示。

图2-32　移出车辆　　　　　　　　　　图2-33　检查托臂情况

2）检查托臂是否能正常伸缩。如果托臂伸缩不正常，应立即进行维修，或者对其进行润滑，如图2-34所示。

图2-34　检查托臂回缩情况

3）举升机按钮（长按不放向上举升，松开即停）不应存在停顿现象，如图2-35所示。

4）在锁止状态下，托臂不可转动。如托臂在锁止状态下可以转动，应立即进行维修，避免在举升车辆时造成安全事故，如图2-36所示。

图2-35　举升机按钮

图2-36　托臂锁止机构锁止

5）在未锁止状态下，托臂可以转动。如在未锁止状态下托臂不能转动，那就说明托臂卡住或存在其他故障，需要进行维修后才可以继续使用，如图2-37所示。

6）托臂转动锁止装置（在托盘与车底位置确定后一定要将其锁止，以防在举升过程中和举升后因托臂转动而造成事故），如图2-38所示。

图2-37　托臂锁止机构解除锁止

图2-38　托臂转动锁止装置

7）托盘已调整至最低位置，如图2-39所示。

8）托盘已调整至最高位置，如图2-40所示。

图2-39　托盘最低位置

图2-40　托盘最高位置

9）调整下降速度阀门，如图2-41所示。

10）下降手柄（按住不放向下降，松开即停），如图2-42所示。

图 2-41　下降速度阀门

图 2-42　下降手柄

四　如何选购举升机

目前市场上举升机品牌、种类众多，给用户提供了很多选择。那企业选购举升机时应该考虑哪些因素呢？

1. 安全性是第一要素

举升机是起重设备，涉及车辆及操作人员的安全。所以在采购举升机时，应将其安全性作为第一要素，认真考查其安全性指标、保险装置功能和生产厂家对安全性所能承担的责任等内容。

安全性可分为主动安全性和被动安全性。主动安全性是指举升机自身工作的安全可靠性，如举升机的结构是否合理，各部件强度、刚度是否足够。

被动安全性是指举升机在万一失去主动安全性的情况下对人身和设备的保护性，如是否有机械安全保险机构（防止非正常下落）、液压自锁保护、机械限位保护（防止各类车辆冲顶）、停电保护等装置。

2. 根据用途选择举升机的类型

举升机的种类很多，不同的种类在结构、功能等方面是有差异的。在选购举升机之前应首先明确举升机的用途和使用环境，然后选择适当的举升机类型。目前，市面上的举升机根据其结构形式不同，大体分为柱式、剪式、地藏式等。主修经济型车型的企业可购买 3.5t 左右的举升机，主修中档车型如帕萨特可购买 4t 左右的举升机，主修高档车如奔驰、宝马可购买 5t 左右的举升机，主修面包车可购买四柱举升机。

3. 比较主要部件

举升机的主要部件有：立柱、提升机构、液压站、液压缸、链条、钢丝绳。

立柱：比较立柱截面大小、钢板厚薄、高度尺寸。

提升机构：比较截面大小、刚度强弱、回转与伸缩的范围和灵活性等。

液压站：液压站向举升机提供工作动力，是举升机最重要的部件之一。

液压缸、链条、钢丝绳必须选用正规厂家的产品。

4. 外观质量比较

可比较外观设计是否美观、做工是否精细、焊缝质量状况、表面处理方式等。

5. 比较服务情况

是否具备完整的使用手册等出厂资料；是否提供运输、安装、培训等服务；产品保修范围的大小和保修期的长短；厂家在当地是否有服务网点以及服务响应时间等。

6. 比较生产厂家实力

综合考虑厂家的品牌、声誉、认证、生产能力等。

7. 综合比较性价比

在比较了性能、质量之后，也不得不考虑价格这一现实问题。但不可通过牺牲安全性和性能来追求价格。一定要在安全性和性能指标达到要求的条件下，在产品质量和服务水平相近的产品中再比较价格。

8. 耐用、维护简便

举升机是维修车间的重要设备，使用中如果频频出现问题，导致的误工也会严重影响维修进度，造成人力、财力的大量流失。因此，建议维修企业选购举升机时不要贪图一时的便宜，选择专业的举升机厂商是企业经济效益实现最大化的投资，免去因质量问题造成日后大量维修和更换的麻烦，维护成本可以大大降低。

9. 准确评估车间布局、维修需求

准确测量车间的面积和高度，并综合评估举升机在自己的修理厂维修最多的是哪些车型？在进行选购时，主要是结合车间结构布局和维修的具体需求来确定。比如：双柱式举升机里最畅销的类型，相比四柱及大剪举升机，它的占地面积较小而且维修空间大，价格一般都比较实惠。市面上双柱举升机有3.0～8.0t的不同载荷的举升机，可以举升不同类型的汽车。维修企业可以根据主要维修车型进行选择。

小剪举升机非常节省占地空间，适合维修车间狭窄的企业。藏地型可与地面平行，使店铺环境更整洁。超薄小剪无需挖地基，能够适用于任何汽修企业。对于快修快保企业，小剪举升机是非常合适的选择。

大剪举升机和四柱式举升机，配备转角盘和侧滑仪，可以进行车轮的四轮定位，底盘间隙检测，安全性能更好，维修更全面。

10. 品牌口碑

除了举升机的参数类型外，还需要考虑举升机厂家的资质、口碑、专业程度等。如果有可能，决策者需要对制造工厂进行考察。因为工厂的研发能力、现场的管理和品质控制，才是以上因素能够实现的前提。

举升机是汽修厂中使用频率最高的设备之一，为确保不因举升机原因导致的误工，企业在选购举升机时，应根据自身需求、举升机的安全保障性能，并进行实地考察来综合评估，以确保购置的设备可以尽最大效能为企业工作。

第二节　认识与使用轮胎拆装机

轮胎拆装机是汽车维修行业的主要设备之一，20世纪70年代在发达国家就已经有产品出现。我国在80年代中期开始这方面的研制。如今我国已有很多家生产轮胎拆装机的专业厂家，它们的品种繁多，结构和复杂程度差别很大。随着汽车保有量的大量增加，汽车行业的发展给汽车维修保养行业带来了新的发展机会，轮胎拆装机需求在不断扩大。但我国的拆装机和发达国家相比还存在着差距，主要表现为产品可靠性差、寿命短、性能不够稳定、故障多、自动化水平低，有些设备至今还采用手工操作，操作费力、产品品种不全、更新慢、技术含量和附加价值低。

一　什么是轮胎拆装机

轮胎拆装机俗称剥胎机、扒胎机，用于拆卸和安装汽车轮胎，可以为汽车、摩托车和重型货车等不同车辆更换轮胎，是汽车维修厂、4S店、轮胎店的必备设备。轮胎拆装机有气动式和液压式两种，最常用的是气动式。它在整个操作过程中，基本上实现了半自动化操作，大大降低了操作人员的劳动强度，提高了工作效率。

二　轮胎拆装机的种类

市面上常见的轮胎拆装机主要有两大类，一类是用于拆装轿车轮胎的小型立式轮胎拆装机；另一类是用于拆装大型货车轮胎的大型卧式轮胎拆装机。

常见的大型轮胎拆装机的主体结构，主要由动力单元、液压缸、支撑臂、撑爪、扒头、操作台等部分组成。它的结构中共有三个液压缸通过液压系统来完成运动，其一是支持撑爪张开收回液压缸，用来夹紧、松开轮胎；其二是支持支撑臂转动液压缸，用来提升、放下轮胎；其三是支持机头部分来回移动液压缸，用来完成轮胎安装、拆卸。

在整个操作过程中，它基本上实现了自动化操作，但扒头部分操作还是要靠手动操作来完成，使劳动强度增加，如果能将扒头部分的操作也改为通过液压系统来完成，将大大降低劳动强度，充分实现设备的自动化。

在什么情况下需要用到轮胎拆装机呢？当一个轮胎需要更换或补胎时，或轮辋需要更换时，我们就需要将轮胎与轮辋分离，这时就需要轮胎拆装机来完成。

三　轮胎拆装机的发展趋势

随着汽车保有量的迅速增加，汽车维修技术的不断发展与推广，轮胎拆装机的技术水平也正在迅速地提高。当前轮胎拆装机的发展水平和趋势具体表现在以下几个方面。

1. 系列化

严格遵从轮胎拆装机中大的系列规范。工作盘装夹范围为 10~26in⊖，能够覆盖规定车型的任意扁平比的所有轮胎。

2. 模块化

辅助臂、工作盘、打气表、快速充气装置及其他附件可以实现多种模块组合、搭配，更换灵活方便，预留有较大的升级空间，满足不同用户的不同需求。

3. 自动化

1）在轮胎拆装过程中，模拟轮胎拆装过程的脱胎和装胎力学模型，既保证了不会造成撕裂轮胎，又避免了拆装臂在自由状态受力反弹造成人身伤害，提高了使用安全性。

2）压胎轮和压胎块根据轮胎大小可在不同位置自动锁紧，操作高效、方便且性能可靠。

4. 控制系统的发展

目前，国内外的轮胎拆装机的控制，一般都是利用换向开关和气压换向阀来实现的，其发展趋势是简单化、智能化。

5. 气压系统的集成化

随着电气化控制系统集成化的推广和完善，以及气压技术的进步，气压系统的集成化也得到了迅速发展。近十年来相继发展了板式集成、块式集成和插装集成等多种形式，而其中插装集成系统将会得到更广泛的应用。

6. 气压机的宜人化

随着拆装机的自动化，限制噪声和振动、防止环境污染、消除人身事故、保证轮胎拆装机安全可靠地进行生产就更为重要了。为此，许多国家都制定了有关轮胎保养维护的安全标准与法律。

四 认识与使用轮胎拆装机的过程

认识与使用轮胎拆装机的过程包括拆卸轮胎、清洁车轮以及安装轮胎三个部分

（1）拆卸轮胎

首先，拆下轮胎气门芯将轮胎气放完，再拆下轮胎上安装的平衡块，然后将轮胎放置在轮胎拆装机上，并使用拆装机将轮胎与轮辋分离。在分离轮胎与轮辋时要注意不能使轮胎边缝破损，以免在安装后检查时漏气。

（2）清洁车轮

轮胎与轮辋分离后对轮辋进行清洁，用毛巾先将轮辋擦拭干净，如轮辋出现锈蚀可以用砂纸进行打磨，然后对轮胎进行清洁。

（3）安装轮胎

安装轮胎时先固定轮辋，然后将轮胎安装在轮辋上，在安装前先对轮胎与轮辋接触面进行润滑，方便安装。然后以拆卸步骤相反的顺序安装轮胎，等轮胎安装完成后再进行检查，检查

⊖ 1in=25.4mm。

轮胎与轮辋边缘是否贴合，气门芯是否完全安装进去，轮胎是否漏气等。

1. 拆卸轮胎

准备工具：轮胎拆装机、车轮、扁撬棍、气门芯扳手、抹布、轮胎气压表、平衡块拆装钳、一字螺钉旋具、润滑剂、毛刷。

（1）拆卸气门芯

放尽轮胎内的空气，并清除轮辋边缘的平衡块。

1）找到车轮上的气门嘴。检查气门嘴是否损坏，如有损坏则记录下来，如图2-43所示。

2）把气门嘴的防尘帽拧下来，如图2-44所示。

图2-43　气门嘴位置

图2-44　拧下防尘帽

3）拧下防尘帽露出气门芯，如图2-45所示。

4）将气门芯扳手插入气门嘴内，如图2-46所示。

图2-45　露出气门芯

图2-46　拆卸气门芯（一）

5）用气门芯扳手拧下气门芯的时候，用手掩盖住气门嘴，以防气门芯被轮胎气压吹走，如图2-47所示。

6）用气门芯扳手取出气门芯，如图2-48所示。

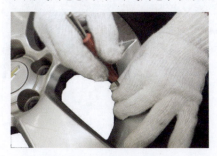

图2-47　拆卸气门芯（二）

图2-48　取出气门芯

注意：气门芯不能损坏，如损坏必须更换。

7）部分车轮上的平衡块是卡式的，在分离轮胎之前需要将其拆卸，如图2-49所示。

注意：轮胎拆卸前要确保轮胎内气压放干净和去掉轮辋边缘的所有平衡块。

8）用专用钳子或一字螺钉旋具撬松平衡块，如图2-50所示。

注意：一般使用平衡块拆装钳操作，防止把轮辋刮花，使用时注意不要夹到手，撬下来的平衡块不能乱扔，必须放置在 物品盒里。

图2-49　平衡块位置

图2-50　撬松平衡块

9）取下平衡快，放置到零件收纳盒内，方便安装时使用，如图2-51所示。

注意：平衡块不能乱扔，以免拆装完轮胎找不到。

（2）分离轮胎

用分离铲将轮胎与轮辋分离，注意两边都要分离。分离的时候要注意气门嘴的位置，以免破坏轮胎气压感应装置。

1）首先将轮胎放置在分离铲的地方，然后把分离铲调整在轮辋边缘，不要触碰到轮辋金属部分，如图2-52所示。

注意：分离铲不能触碰轮辋，目的是避免分离时损伤轮辋。作业前要确保轮胎拆装机连接线路正常，电线无磨损、老化现象，插头完好无漏电。

2）踩住分离铲控制踏板不放。分离过程中应防止手、脚伸入分离铲内，如图2-53所示。

图2-52　调整分离铲

图2-53　踩住分离铲控制踏板

注意：分离轮胎与轮辋时一定要保证手与脚不能伸入分离铲内，以避免出现安全事故。

3）用分离铲将轮胎与车轮分离后，松开控制踏板，如图 2-54 所示。

注意：使用分离铲将轮胎与钢圈分离时，注意避开气门芯位置，防止破坏胎压监测装置。

4）将车轮转动 180°后，再操作分离铲将轮胎与车轮分离一次，如图 2-55 所示。

图 2-54　分离轮胎（一）

图 2-55　分离轮胎（二）

5）在车轮的另一侧使用同样的方法将车轮与轮胎分离，如图 2-56 所示。

（3）将车轮放上工作台并锁紧

1）踩下控制踏板，使立柱向后倾斜以方便操作，如图 2-57 所示。

图 2-56　分离轮胎（三）

图 2-57　控制立柱倾斜

2）将车轮搬上工作台时应避免磕碰设备。在踩下踏板锁住钢圈前，应确认卡盘和钢圈之间没有异物，不允许用手指探察钢圈是否放正，如图 2-58 所示。

3）踩下张开控制踏板将车轮锁止在工作台上，如图 2-59 所示。

图 2-58　放置车轮

图 2-59　锁止车轮

4）松开控制踏板锁止后，再次检查车轮是否有松动。如果轮胎有松动应立即重新固定轮胎，避免在拆卸轮胎时出现安全事故，如图 2-60 所示。

（4）放下拆装头至轮辋边缘，并调整至合适位置

1）踩下立柱控制踏板使立柱回归原位，如图 2-61、图 2-62 所示。

图 2-60　检查车轮是否松动

图 2-61　踩立柱控制踏板

2）松开六方杆的一键锁止按钮，如图 2-63 所示。

图 2-62　立柱回位

图 2-63　解除六方杆锁止

3）然后放下六方杆，将拆装头放置在合适的位置，如图 2-64 所示。

4）拆装头尽量与轮辋边缘贴近但不要接触，要留有一定的缝隙，不要让拆装头与轮辋产生摩擦。如果拆装头与轮辋发生摩擦会导致轮辋损伤，如图 2-65 所示。

图 2-64　放下六方杆

图 2-65　调整拆装头位置

5）按下六方杆一键锁止按钮，将六方杆锁住固定，以免在拆卸轮胎时六方杆回弹造成安全事故，如图 2-66 所示。

（5）拆卸轮胎

用扁撬棍将轮胎胎缘撬至拆装头上，撬棍不必抽出，踩下工作台旋转踏板使其顺时针旋转，即可拆下轮胎。用同样的方法将另一侧轮胎拆下。

1)使用扁撬棍进行操作,撬棍两边形状不一样,一边是弯头,另一边是直头,根据实际情况来选择合适的一边,如图 2-67 所示。

图 2-66　锁止六方杆

图 2-67　选择扁撬棍

2)将扁撬棍沿拆装头外侧插入轮胎内,如图 2-68 所示。

注意:扁撬棍必须插入轮胎边缘侧,不能插入轮辋边缘侧,以免损伤轮辋。在拆卸轮胎或者安装轮胎时,首先都要对轮胎与轮辋的边缘进行润滑,这样可以减少拆卸或安装时产生的摩擦。

3)扳动扁撬棍,将轮胎的胎缘向上撬起。扳动扁撬棍时,应注意扁撬棍的用力方向和力度并拿好扁撬棍,避免因为操作失误(手滑)导致扁撬棍弹出。同时,也绝不允许将手伸入撬开的缝隙中,避免出现安全事故,如图 2-69 所示。

图 2-68　扁撬棍插入轮胎

图 2-69　扳动扁撬棍撬起轮胎

4)将撬起的胎缘放置在拆装头有内弧的位置,不要抽出扁撬棍,如图 2-70 所示。

5)踩下旋转控制踏板,使工作台顺时针旋转,如图 2-71 所示。

图 2-70　轮胎撬起至拆装头上

图 2-71　踩下旋转控制踏板

6)转动工作台,使轮胎逐渐与轮辋分离。轮胎边缘放置在拆装头上,如果在旋转时突然卡顿，必须将工作台反方向旋转然后重新分离，如图2-72所示。

注意：轮胎边缘必须放在拆装头上，在旋转时要仔细观察。

7）拆装头分离轮胎与轮辋，在分离过程中工作台的旋转速度必须根据实际情况来选择，踩踏过快可能会导致轮胎边缘直接破损，如图2-73所示。

图2-72　转动工作台分离轮胎（一）　　　　图2-73　转动工作台分离轮胎（二）

8）上部分离完成后轻轻用力将轮胎向上抬起。因为另一边轮胎没有分离开，所以轮胎拿不下来，如图2-74所示。

9）然后，沿分离的轮胎边缘将扁撬棍从同样的位置插入轮胎另外一侧，如图2-75所示。

图2-74　抬起轮胎　　　　图2-75　扁撬棍插入轮胎另一侧

注意：气门嘴位置不能触碰。

10）用同样的方法向上撬起轮胎的轮缘，如图2-76所示。

11）将轮缘放置在拆装头同样的位置，如图2-77所示。

图2-76　撬起轮胎　　　　图2-77　撬起轮胎至拆装头上

12）然后踩下工作台旋转控制踏板，继续旋转工作台，如图2-78所示。

13）旋转工作台至轮胎与轮辋完全分离，如图2-79所示。

图2-78 分离轮胎（一）　　　　　　图2-79 分离轮胎（二）

14）然后慢慢松开六方杆一键锁止按钮，使拆装头六方杆向上回位，然后按下锁止按钮锁住六方杆，如图2-80所示。

<u>注意：松开六方杆锁止时要轻轻松开，不然六方杆向上弹起会造成设备损坏及人身安全事故。</u>

15）踩下控制踏板使立柱向后倾斜，以便取下轮胎，如图2-81所示。

图2-80 移开拆装头　　　　　　图2-81 控制立柱向后倾斜

16）取下轮胎，轮胎拆卸操作完成，如图2-82所示。

2. 清洁车轮

拆下的轮胎在作业完成后即可进行安装，必要时可将轮胎、轮辋清洁干净。

1）踩下车轮锁止机构控制踏板，释放车轮锁止机构，如图2-83所示。

2）然后取下车轮（钢圈），如图2-84所示。

图2-82 取下轮胎

图 2-83 释放车轮锁止机构

图 2-84 取下车轮（钢圈）

注意：轮辋要轻拿轻放，必要时在地上铺一张纸避免刮花轮辋。

3）如果轮辋出现锈蚀，用砂纸对车轮轮辋进行清洁，清洁时要注意把边缘位置的污垢清洁干净，如图 2-85 所示。

标准：干净、光滑。

注意：锈蚀要打磨干净。

4）清洁轮辋边缘，如图 2-86 所示。

图 2-85 清洁车轮（钢圈）

图 2-86 清洁轮辋边缘

5）用抹布清洁轮胎，如图 2-87 所示。

标准：轮胎表面无异物、污垢，内面干净。

注意：轮胎清洁完成后，必须对轮胎内面进行吹干。

3. 安装轮胎

用拆胎的方法将轮辋固定在卡盘上，将轮胎放到轮辋上，并确定好位置。移动拆装臂压住轮胎边缘，踩下踏板，逐渐将轮胎压入轮辋内。用同样的方法将上侧轮胎压入轮辋，完成轮胎安装。

（1）轮胎安装

1）将车轮轻轻放上工作台，如图 2-88 所示。

注意：如果用力放下会导致轮辋划伤、损坏。

2）踩下车轮锁止控制踏板将车轮锁止，如图 2-89 所示。

图 2-87 清洁轮胎

图 2-88 放置车轮（钢圈）

图 2-89 锁止车轮（钢圈）

3）然后放上清洁好的或者新的轮胎，如图 2-90 所示。

注意：更换轮胎之前要检查轮胎框有没有变形，气门嘴有没有漏气和裂纹。新轮胎在安装时，轮胎标志要朝上。

4）然后踩下控制踏板使立柱回位，如图 2-91 所示。

图 2-90 放置轮胎

图 2-91 立柱回位

5）松开六方杆一键锁止按钮，调整好六方杆上拆装头的位置，如图 2-92 所示。

6）拆装头的放置位置与之前时相同，如图 2-93 所示。

图 2-92 解除六方杆锁止

图 2-93 调整拆装头

注意：拆装头的位置不能放置在气门嘴上，以免破坏传感元件。

7）按下六方杆锁止按钮，锁止六方杆，如图 2-94 所示。

8）将轮胎倾斜，下侧胎缘一边放在拆装头上方，另一边放置在拆装头下方，如图 2-95 所示。

图 2-94 锁止六方杆

图 2-95 调整轮胎（一）

9）将轮胎的位置调整好准备安装，如图 2-96 所示。

10）踩下工作台控制踏板，使工作台顺时针转动。旋转多少度与轮胎是否安装上去有关，如图 2-97 所示。

图 2-96 调整轮胎（二）

图 2-97 转动工作台

注意：轮胎安装时要检查好安装面，不要装反，以免损坏轮胎。

11）转动轮胎，至下侧胎缘完全装入轮辋，如图 2-98 所示。

注意：旋转时要边转边看，看轮胎边缘是否能正确安装上去。

12）在安装轮胎另一侧边缘时，首先在胎缘涂抹润滑液，减少安装时产生的摩擦，如图 2-99 所示。

图 2-98 轮胎装入轮辋

图 2-99 涂抹润滑液（一）

注意：拆装轮胎前应用毛刷在轮胎内圈抹好润滑液，禁止使用矿物油作润滑液。

13）要围绕轮辋与轮胎边缘一圈涂抹润滑液，并且全面涂抹到位，不能有一处遗漏，如

图 2-100 所示。

14) 放置轮胎时，胎缘一边放在拆装头的上方，如图 2-101 所示。

图 2-100　涂抹润滑液（二）

图 2-101　调整轮胎（一）

15) 放置轮胎时，胎缘另一边放在拆装头的下方，如图 2-102 所示。
注意：气门嘴位置装有胎压传感器不能被破坏。

16) 拉出辅助臂上的压胎滚轮，如图 2-103 所示。

图 2-102　调整轮胎（二）

图 2-103　拉出压胎滚轮

17) 将辅助臂上的随转式压胎工作头调整至合适位置，如图 2-104 所示。
注意：不能压在轮辋上。

18) 扳动控制开关，使工作头下降至压住轮胎胎侧，如图 2-105 所示。

图 2-104　调整压胎工作头

图 2-105　调整工作头

19) 轮胎的下压程度要合适，不要太低或太高。太高按压不住轮胎边缘，会导致安装时出现差错，如图 2-106 所示。

20）滚轮和工作头位于合适的位置，如图 2-107 所示。

图 2-106　调整压胎滚轮　　　　　　　图 2-107　滚轮和工作头的位置

21）踩下控制踏板，使工作台顺时针转动，边观察边装入轮胎。观察时不要用手指探查轮胎是否装入，如图 2-108 所示。

注意：旋转时手不能伸进去，以免出现安全事故

22）操作中可根据实际情况对轮胎的下压程度进行适当调整，有机器按压和人工按压，根据机器不同来进行轮胎按压，如图 2-109 所示。

图 2-108　转动工作台（一）　　　　　图 2-109　调整下压程度

23）在不熟练的情况下，尽量不要一直踩住控制踏板不放，而是要踩一下放一下，同时观察轮胎的安装情况，以免损坏轮胎。在不熟练的情况下一直踩住旋转控制踏板，可能会导致轮胎边缘破损，使轮胎无法使用，如图 2-110 所示。

24）继续转动工作台使轮胎完全装入，如图 2-111 所示。

图 2-110　转动工作台（二）　　　　　图 2-111　转动工作台（三）

25）扳动控制开关，使工作头上升至上限位置，如图2-112所示。

26）移开压胎工作头归位，如图2-113所示。

图2-112　上升工作头

图2-113　移开工作头

27）向后推，将滚轮移开，如图2-114所示。

28）放松锁止按钮，使六方杆向上回位，如图2-115所示。

图2-114　移开滚轮

图2-115　六方杆回位

29）按下锁止按钮，锁住六方杆，如图2-116所示。

30）踩踏控制踏板，使立柱向后倾斜，如图2-117所示。

图2-116　锁止六方杆

图2-117　控制立柱向后倾斜

（2）轮胎充气

在不安装气门芯的前提下向轮胎快速充气，使轮胎边缘与轮辋贴合，完全贴合后再装入气门芯，然后将轮胎气压加至规定值，检查各处是否漏气。

1)踩下控制踏板,松开车轮锁止机构,如图2-118所示。

注意:手不能放在轮胎底下,以免出现安全事故。

2)轮胎充气前应先确认轮胎气压表是否正常,充气时一定要注意观察压力表,以免轮胎过压造成人身伤害,如图2-119所示。

图2-118 解除车轮锁止机构

图2-119 检查气压表

注意:先检查轮胎边缘与轮辋边缘接触是否存在缝隙,如果存在必须更换轮胎。

3)充气头与气门嘴卡紧,如图2-120所示。

4)向轮胎快速充气,使胎缘与轮辋边缘贴合。胎缘与轮辋边缘贴合时会发出很大的响声,属于正常现象,如图2-121所示。

图2-120 充气头与气门嘴卡紧

图2-121 快速充气

5)安装气门芯,先将气门芯放入气门嘴内,如图2-122所示。

标准:无破损、气门芯无异物。

6)用气门芯扳手拧紧气门芯,如图2-123所示。

图2-122 安装气门芯

图2-123 拧紧气门芯

7）再次给轮胎充气，如图 2-124 所示。

注意：轮胎充气前应先确认轮胎气压表是否正常，充气时一定要注意安全，特别要注意观察压力表，以免轮胎过压造成人员伤害。

8）将轮胎气压充至车辆规定的气压（一般轿车的原厂胎压设定的标准范围是在 0.23～0.25MPa 之间，标准的轮胎气压一般都标在油箱盖的内侧或车门侧面的铭牌上），如图 2-125 所示。

图 2-124　再次充气

图 2-125　充至规定气压

9）在轮辋边缘涂抹肥皂水，检查是否漏气，如图 2-126 所示。

标准：轮胎无漏气现象。

10）在气门嘴上涂抹肥皂水，检查是否漏气，如图 2-127 所示。

图 2-126　检查轮辋是否漏气

图 2-127　检查气门嘴是否漏气

11）拧上气门嘴上的防尘帽，如图 2-128 所示。

12）将车轮从工作台上取下。取下轮胎时要轻放，不能用力向下砸，避免轮辋出现破损或划痕，如图 2-129 所示。

图 2-128　拧上防尘帽

图 2-129　取下车轮

13）操作完成，清洁工具、整理工作区域，如图 2-130 所示。

注意：工作结束时必须对机体及周边进行清洁、对转动部位注油润滑。使用前应清除轮胎拆装机上及附近妨碍作业的器具及杂物，并检查机器各部分是否正常。

五 如何选购轮胎拆装机

如何选购轮胎拆装机？可以参考以下几个方面进行选购。

1. 注意看电动机的额定功率

电动机功率越大，工作稳定性越强。如果是 380V 的产品，电动机的功率一般应在 1000W 以上。有的生产厂家为了降低成本，使用 800W 左右的电动机，其工作稳定性就要差

图 2-130　整理清洁

很多。用户在选购时，可拆开边盖察看电动机的额定功率。电动机在工作时应噪声小，且无明显振动。

2. 好电动机使用的漆包线是铜线

现在，很多厂家为了降低成本使用了铝包线或者铝包铜，这样的电动机散热差，长时间工作热量散发慢，易烧坏电动机，同时噪声也大。

3. 运转时噪声要低，且在负载时无明显振动

变速器是轮胎拆装机传输动力的减速装置，因交流电动机转速一般在 1000r/min 以上，因此需经过变速器减至 100r/min 左右方可正常工作。变速器通常都是采用专用合金材料制成，传动时噪声低，平衡性能好。某些小型轮胎拆装机生产企业采用劣质硬合金铸造的变速器，变速器蜗轮蜗杆加工不良，造成工作时噪声大，选购时要多加留意。

4. 轮胎拆装头的质量也直接关系到轮胎拆装质量

目前，市场上的轮胎拆装头有多种材质制造而成的，有铸铁、不锈钢、锰钢、合金锰钢等材质。外形看不出好与坏，各厂家的产品外形都差不多，但是质量却相差很大，有些产品用几个月就断了，质量好的可以用 10 年都不会断。所以，在选购产品时不可光用价格去衡量产品。另外一个关注点是拆装头外形，拆装头的外形区别不大，不专业的人区分不出来，以为都一样，其实拆装头的弧形设计曲线比较讲究，好的拆装头多年使用后不容易变形或断裂，装卸轮胎时很平顺，且可保护轮辋、轮胎不受损伤。而劣质的轮胎拆装头就不一样了，外观粗糙，弧形曲线设计也不合理，装、卸轮胎不顺利，多次使用后容易划伤轮胎及轮辋。因此，在选购时要现场装、卸轮胎，以验证拆装头质量的优劣。

5. 要选购知名企业的产品

目前市场上的部分汽车维修设备产品，表面看上去，产品都差不多，甚至有些消费者选购产品时只注重外观，外观大气就以为是好产品，事实上这就是厂家抓住了消费者的心理，进行误导性设计。其实知名品牌注重的是实际使用后，产品会不会有质量问题，品牌产品对质量是

有保障的，而知名度不高的品牌产品则是以价格取胜，质量及售后都没有保障，返修率高。所以，建议大家选购产品时要看品牌，选择知名品牌企业的产品。

六、轮胎拆装机如何维护和保养

为了延长轮胎拆装机的使用寿命，应按说明书的要求定期进行维护保养，否则其工作可靠性将受到影响。

1）在进行任何维修保养工作之前，必须先断开机器的电源和气源，然后踩下踏板 3～4 次，以排除机器内残余的压缩空气。

2）损坏部件必须由专业维修人员用生产厂家提供的备件更换。

3）每周用柴油清洁一次卡盘，以防止灰尘积存，同时润滑卡爪和导轨。

4）机器使用 20 天后，应重新紧固卡盘、卡爪上的固定螺钉。

5）如果卡盘的转动力不够，可能是传动带的张紧力不足。松开机身左面侧板的螺钉，拆下侧板，拧紧固定电动机的两个螺钉，调节支架与电动机座的距离，张紧传动带，然后紧固螺钉。

6）悬臂没有锁定，或拆装头底面距轮辋的距离没有达到要求（2mm）时，应调整悬臂锁定板。

7）为了使卡爪及拆卸铲的气缸开合可靠，应保持与其相连的控制阀的清洁，可按以下要求进行维护：

① 卸除机身左侧板的 6 个螺钉，拆下侧板。

② 松开卡爪或气缸控制踏板上的阀体。

③ 用压缩空气清洁阀体上的污物，若已损坏则应更换。

8）每月检查保养一次油雾器油壶的油位，如需注油，可直接拧下油雾器的下端进行注油，注油时不要注入过多，以免外溢。

第三节 认识与使用轮胎动平衡机

汽车的车轮是由轮胎、轮毂组成的。由于制造上的原因，这个整体各部分的质量分布不可能完全均匀。当车轮高速旋转起来后，就会形成动不平衡状态，造成车辆行驶中车轮抖动、方向盘振动的现象。为了避免这种现象或是消除已经发生的不平衡，就要使车轮在动态情况下通过增加配重的方法，校正车轮各边缘部分的平衡。这个校正的过程就是人们常说的轮胎动平衡。

轮胎的密度分布是不均匀的，车胎存在轻点和重点，而做动平衡就是找到轮胎的轻点，然后在靠近轻点的轮毂上贴铅块，才能保证轮胎的平衡。只有保证了轮胎的平衡，在汽车高速行驶时才不会抖动。按照机械运动的原理，凡达到较高转速的轮子，由于材料组织内部的不均匀、零件外形尺寸的误差、装配尺寸的误差，以及结构形状等原因，通过轮子重心的主惯性轴线与旋转轴线不相重合，因而旋转时的轮子会受到不平衡离心力。由于轮胎或轮毂的材料组织内部不均匀、车轮与车轴的装配尺寸误差、轮胎与地面的不正常磨损等因素，会造成车轮的不平衡。不平衡是因旋转时的离心力产生的，旋转体转速越快，不平衡量越大。

一 轮胎不平衡有什么影响

车轮不平衡会造成不少危害。第一，胎面会与地面产生不正常的摩擦。第二，会加速车轴与轴承的磨损。第三，会加速悬架和转向系统部件的磨损。第四，转向轮的振动会导致方向盘的抖动，从而影响驾驶舒适性。第五，在轮胎高转速时可能产生危及人身安全的事故，如发生爆胎、方向失控、翻车等事故。

什么情况下需要对车轮做动平衡呢？当更换新轮胎或补胎后或轮胎出现异常磨损、方向盘抖动、轮胎噪声明显增大时，应对车轮进行动平衡检测并校正。

如果轮胎在滚动的时候不是平衡状态，驾驶时是能感觉到的，最主要的感觉，就是车轮会有规律地跳动，反映到车内就是方向盘抖动，虽然方向盘抖动这个现象也可能是其他因素造成的，但是建议遇到方向盘抖动还是先检查动平衡。

车轮不平衡除了车内人员能感受到跳动之外，对于车辆本身也有一定损伤。长期驾驶车轮失衡比较严重的车辆（一般来说失衡的重量超过 50g 就比较严重了），对于车轮轴承的寿命也是有影响的，时间长了会造成轴承磨损。另外，失衡比较严重时，轮胎也可能因为不正常的横向摆动产生偏磨现象，轮胎寿命也受影响。总之，车轮不平衡对于车辆本身造成的影响是很大的。

二 轮胎的作用和种类

1. 轮胎的作用

1）支撑车辆的全部重量，承受汽车的负荷，并传递其他方向的力和力矩。

2）传送牵引和制动的力矩，保证车轮和路面之间有良好的附着性，以提高汽车的动力性、制动性和通过性；与汽车悬架共同缓和汽车行驶时所受到的冲击，并衰减由此而产生的振动。

3）防止汽车零部件受到剧烈振动和早期损坏，适应车辆的高速性能并降低行驶时的噪声，保证行驶的安全性、操纵稳定性、舒适性和经济性。

2. 轮胎的种类

1）按胎体结构不同可分为充气轮胎和实心轮胎。实心轮胎用于低速汽车或重型挂车上，现在已经很少使用。

2）按有无内胎分：有内胎充气轮胎和无内胎充气轮胎。

① 有内胎充气轮胎：由外胎、内胎、垫带组成。就是在外胎里面还有一个充有压缩空气的内胎。其主要缺点是行驶温度高，而且内胎在轮胎中处于伸张状态，轮胎易扎通。

② 无内胎充气轮胎：主要由自黏层、槽纹、轮辋、气门嘴、橡胶密封圈组成。它是把空气直接充入外胎内腔。由于无内外胎之间的摩擦，使热量直接从轮辋发散，因此能比有内胎轮胎降温 20% 以上。无内胎轮胎提高了行驶安全性，修理容易，不需拆卸轮辋。

3）按其胎体内帘线排列方向分：子午线轮胎和斜交轮胎。

① 子午线轮胎：子午线轮胎是轮胎的一种结构形式，区别于斜交轮胎、拱形轮胎、调压轮胎等。子午线轮胎的国际代号是"R"，俗称为"钢丝轮胎"。

② 斜交轮胎：帘布层和缓冲层各相邻层帘线交叉，与轮胎中心线呈一定角度排列的充气轮胎，称为普通斜交轮胎。

3. 轮胎的结构

斜交胎和子午胎两者结构基本一致，只是由于胎体结构帘布层排列上的差异而存在一些差别。

子午线轮胎主要由胎面、胎体、胎圈、带束层组成。

1）胎面：胎面直接和路面接触的部分是外胎的外表层，包括胎冠、胎肩、胎侧三部分。

2）胎体：作为轮胎最重要的结构，整个内层帘布被称为胎体。胎体的主要作用是维持气压，承受垂直负荷同时吸收振动。它通常是由一层或数层帘布与胎圈芯组成的整体式充气轮胎结构（除胎侧胶，胎面胶和带束层或缓冲层）。

3）胎圈：胎圈把轮胎附在轮辋上，在接口处包覆帘布。胎圈由胎圈钢丝、胎圈、胎圈包布和其他零件组成。胎圈的设计一般是能够紧凑地绕着轮辋，并保证万一气压突然增加时，轮胎也不会脱离轮辋。

4）带束层：它是子午线轮胎或带束斜交轮胎的胎面与胎体之间的一个强化层。它的功能与缓冲层相似，通过紧紧包裹胎体，以增加胎面的刚性。

5）轮胎花纹分类：条形花纹、横向花纹、块状花纹、复合花纹、单导向花纹和不对称花纹。

① 条形花纹：又称纵向花纹，这种类型的花纹方向与圆周方向一致。它的关键优势就是滚动阻力低，不易发生侧滑，在一定程度上可以提高汽车的操控性能。它主要应用在轻型客车、普通汽车以及摩托车上。

② 横向花纹：花纹方向与圆周方向垂直。

③ 块状花纹：花纹呈块状规则排列。轮胎上的花纹沟之间都相互连接，呈独立的花纹块结构，花纹沟槽宽而深。这种轮胎有优越的制动及操纵性能，抓地力非常大，特别适合在雪地或泥泞地面行驶，根据测试，在泥泞路上，同一车型的车辆使用越野花纹轮胎的牵引力可达普通花纹的1.5倍。但它的缺点也是非常明显的、轮胎的噪声比较大，耐磨性能较差。一般用于冬季雪地胎或专业的工地路况，有些自卸车也使用这种轮胎。

④ 复合花纹：综合条形及横向花纹的特点。

⑤ 单导向花纹：花纹沟之间都相互连接，呈独立的花纹块结构。

⑥ 不对称花纹：胎面左右两侧花纹形状不同。

6）轮胎规格：轮胎的规格是根据使用要求和尺寸大小确定的。轮胎尺寸必须标在轮胎的侧面。

轿车轮胎规格表示法：比如 185/70 R 13 86 T 轮胎：185 表示断面宽度（以毫米为单位）、70 表示扁平比（轮胎高÷胎宽）、R 表示轮胎类型（R 表示子午线轮胎、B 表示带束斜交轮胎、D 表示斜交轮胎）、13 表示钢圈直径（以英寸为单位）、86 表示载重指数、T 表示车速级别。

轮胎的扁平率计算：轮胎断面高度 H 与宽度 B 之比以百分数表示，称为轮胎的扁平率，扁平率计算公式如下：扁平率 = $\dfrac{H}{B} \times 100\%$。

三、轮胎动平衡机的使用

轮胎动平衡机的使用主要包括三个方面。

第一是对轮胎进行清洁检查：对轮胎上的泥土、沙子、石子、旧平衡块进行清除，检查轮胎的气压。

第二是检测车轮动平衡：拆卸车轮饰盖后检查动平衡机是否正常，动平衡机检查完成后将轮胎安装上去进行动平衡检查。

第三是调整不平衡量：根据各个测量数值安装对应平衡块，直到轮胎达到固定平衡值后卸下轮胎。

1. 清洁检查

（1）清除车轮杂物

清除被测车轮上的泥土、石子和旧平衡块，若有必要，可将车轮清洗干净。用旋具清除轮胎沟槽里的异物，因为轮胎里的异物不清洁会对轮胎动平衡产生一定影响，甚至可能在做平衡检测的时候因轮胎旋转太快石子飞出来造成安全事故，如图2-131所示。

标准：轮胎表面无异物。

（2）检查轮胎气压

使用轮胎气压表进行充气，如果轮胎气压不足，应充至规定值（一般轿车的原厂胎压设定的标准范围是在0.23~0.25MPa之间，标准的轮胎气压一般都标在油箱盖的内侧或车门侧面的铭牌上），如图2-132所示。

图2-131 清除石子

图2-132 检查轮胎气压

（3）清除平衡块

1）找到轮胎上平衡块的位置，粘贴式平衡块粘贴在车轮内侧，卡式平衡块安装在轮毂边缘，如图2-133所示。

2）用旋具撬开平衡块，如图2-134所示。

3）取下平衡块并放置在平衡块物品盒里，如图2-135所示。

4）对车轮进行清洁，如图2-136所示。

图 2-133 平衡块位置

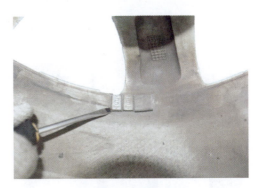

图 2-134 撬开平衡块

图 2-135 取下平衡块

图 2-136 清洁车轮

2. 安装车轮

1）先将车轮中心孔的饰盖取出，因车型不同有的轮胎没有饰盖，而有的是由车主自己改装的，如图 2-137 所示。

2）用旋具手柄向外捅出饰盖，如图 2-138 所示。

图 2-137 车轮饰盖

图 2-138 捅出饰盖

3）饰盖拆卸完成，如图 2-139 所示。

4）根据车轮中心孔选择适合中心孔的锥体，如图2-140所示。

图2-139　取下饰盖

图2-140　选择适合的锥体（一）

5）车轮中心孔锥体的放入量应达到其高度的二分之一，如图2-141所示。

6）将动平衡机上的锁紧大螺母取下，如图2-142所示。

图2-141　选择适合的锥体（二）

图2-142　取下锁紧大螺母

7）将车轮安装在动平衡机的平衡轴上，如图2-143所示。

8）用手先抬起轮胎然后放入锥体，如图2-144所示。

图2-143　将车轮安装在平衡轴上

图2-144　放入锥体

注意：一定要扶稳轮胎，避免轮胎掉落下来对动平衡机造成损伤。

9）放入锁紧大螺母将车轮中心孔锥体锁紧，如图2-145所示。

10）然后顺时针将车轮锁紧，如图2-146所示。

图 2-145　放入锁紧大螺母　　　　　　　图 2-146　锁紧车轮

注意：车轮动平衡机的主轴固定装置和就车式车轮动平衡机的支架上都装有精密的位移传感器和易碎的压电晶体传感器，因此严禁冲击和敲打主轴或传感器支架。

3. 检测动平衡

（1）检查平衡机

1）打开平衡机电源开关，如图 2-147 所示。

2）检查平衡机各控制显示区域是否正常。如果不正常则立即维修，如图 2-148 所示。

图 2-147　打开平衡机电源开关　　　　　图 2-148　检查显示是否正常

3）检查平衡机各控制按键调节区域是否正常，如图 2-149 所示。

4）对轮辋直径进行调节检查，如图 2-150 所示。

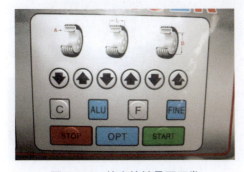 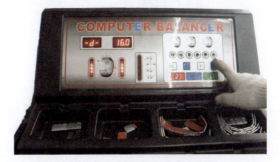

图 2-149　检查按键是否正常　　　　　图 2-150　检查调节轮辋直径

5）对轮辋宽度调节检查，如图 2-151 所示。

6）对测量轮辋边缘至机箱距离调节检查，如图 2-152 所示。

图 2-151　检查调节轮辋宽度　　　　图 2-152　检查调节轮辋边缘至机箱距离

（2）对各参数进行测量

测量轮辋边缘至机箱距离 A、轮辋宽度 L、轮辋直径 D（可从胎侧标志得知），再将测出的数据分别输入控制装置中去。

1）从平衡机右侧拉出测量尺，测量轮辋边缘至机箱的距离数据，如图 2-153 所示。

2）将测量出的轮辋边缘至机箱距离输入平衡机，如图 2-154 所示。

图 2-153　测量至机箱距离　　　　　　图 2-154　输入数据

3）使用轮辋宽度测量尺测量轮辋宽度数据，如图 2-155 所示。

4）测量卡尺在车轮外侧的位置，如图 2-156 所示。

图 2-155　测量轮辋宽度　　　　　　图 2-156　测量卡尺位置

5）测量卡尺在车轮内侧的位置，如图 2-157 所示。

6）然后读出测量卡尺的测量结果，如图 2-158 所示。

图 2-157 测量卡尺位置

图 2-158 测量结果

7）将测量出的轮辋宽度数值输入平衡机，如图 2-159 所示。

8）然后观察轮辋直径数据。轮胎轮辋直径数值不需要测量而是标注在轮胎上，如图 2-160 中 16 就是代表此轮胎的轮辋直径，如图 2-160 所示。

图 2-159 输入数据

图 2-160 轮辋直径

注意：车轮动平衡机的机械系统和测算电路，都是针对正常车轮使用条件下平衡失准或轻微受损，但仍能使用的车轮设计的，对因交通事故而严重变形的轮辋或胎面大面积剥离的车轮是不能上机进行平衡检测的。

9）将轮辋直径数据输入平衡机，如图 2-161 所示。

（3）测量数据

1）按下起动键，车轮旋转，平衡测试开始，自动采集数据，如图 2-162 所示。

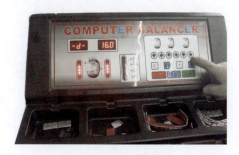

图 2-161 输入数据

图 2-162 起动平衡机

注意：车轮旋转时前后不能站人，以免有异物飞出。在数据采集停止时不能用手去停止轮胎，必须等它自动停止，这样可以延长平衡机使用寿命。

2）检测的不平衡量（数值）显示结果为：左侧35g（表示轮辋内侧），右侧20g（表示轮辋外侧），需要进行调整，如图2-163所示。

4. 调整不平衡量

用手慢慢转动车轮，当指示装置发出指示（音响、指示灯亮、制动、显示点阵或显示检测数据等）时停止转动。在轮辋的内侧或外侧的上部（时钟12点位置），加装指示装置显示的该侧平衡块质量，内、外侧分别进行，平衡块安装要牢固。

（1）安装平衡块

1）慢慢转动车轮，观察检测结果的亮度指示条，直至左侧35g下的指示灯条全亮，如图2-164所示。

2）继续慢慢转动车轮，观察检测结果的亮度指示条，直至右侧20g下的指示灯条全亮，如图2-165所示。

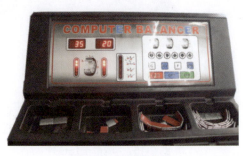

图 2-163　测量结果

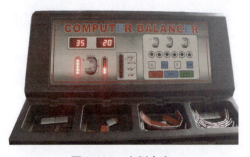

图 2-164　左侧全亮

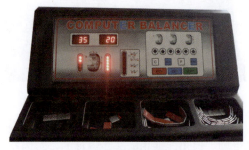

图 2-165　右侧全亮

3）注意这个指示标记，如图2-166所示。

4）当车轮转动至指示灯条全亮时停住，指示标记直对着的车轮轮辋位置就是不平衡点，应在此贴装平衡块，如图2-167所示。

图 2-166　指示标记

图 2-167　找到不平衡点

5）选择与检测结果相同质量的平衡块（35g），如图2-168所示。

6）把平衡块表面的膜撕去，如图2-169所示。

图 2-168　选择合适的平衡块

图 2-169　撕去平衡块保护膜

7）按压粘贴在车轮内侧的不平衡点位置，如图 2-170 所示。

注意：车轮动平衡机的平衡块也称配重，通常有卡夹式和粘贴式两种类型。卡夹式适用于轮辋有卷边的车轮。对于铝镁合金轮辋，因无卷边可夹，可使用粘贴式平衡块。粘贴式平衡块的外面有不干胶，粘贴于轮辋内的各面。

8）车轮外侧的操作方法相同，如图 2-171 所示。

图 2-170　粘贴平衡块（一）

图 2-171　粘贴平衡块（二）

注意：当不平衡量超过最大平衡块时，可用两个以上平衡块并列使用，但这时要注意因多个平衡块占用较大的扇面，会使其有效质量低于实际质量。

（2）再次检测

安装平衡块后有可能产生新的不平衡，按下起动键，再次进行动平衡检测，直到不平衡量小于 5g，指示装置显示"00"或"OK"时方可。当轮辋上安装或粘贴的平衡块质量总和超过 60g（轮辋为 18in 以上的不超过 80g）时，不建议再做动平衡，应检查轮胎和钢圈是否有异常。若有，应更换。

1）再次按下起动按钮，如图 2-172 所示。

2）出现新的不平衡量，继续按之前的操作粘贴平衡块，如图 2-173 所示。

图 2-172　起动平衡机

3）直至两侧显示为"00"或"OK"时方可停止，如图 2-174 所示。

图 2-173　检测结果

图 2-174　调整完成

5. 拆卸车轮

1）关闭平衡机电源开关，如图 2-175 所示。

2）取下锁紧大螺母，如图 2-176 所示。

图 2-175　关闭平衡机电源开关

图 2-176　取下锁紧大螺母

注意：取下大螺母时注意不要让轮胎滑落下来，避免损伤平衡机中心轴。

3）取出中心孔锥体。如图 2-177 所示

4）取下车轮。车轮取下时要小心轻放，不能掉下损坏钢圈或砸伤自己，如图 2-178 所示。

图 2-177　取出锥体

图 2-178　取下车轮

5）装回中心孔锥体，如图 2-179 所示。

6）装回锁紧大螺母，如图 2-180 所示。

图 2-179　装回锥体

图 2-180　装回锁紧大螺母

7）安装中心孔饰盖，如图 2-181 所示。
8）向下按压到位即可，如图 2-182 所示。

图 2-181　安装中心孔饰盖（一）

图 2-182　安装中心孔饰盖（二）

四　轮胎的了解判断及选购

轮胎上的 225/45R17H9 代表什么意思？

下面以 225/45R17H90 为例来讲解轮胎的规格。其中 225 代表轮胎的断面宽度，家用车的轮胎宽度一般在 185～250mm 之间，通常情况下轮胎越宽，抓地力越强，油耗也越大，45 代表扁平比，也就是轮胎的断面宽度和断面高度之间的比值，R 则是代表为子午线轮胎，17 代表 17in 的轮毂直径，H 则表示最大容许速度为 210km/h，但为了行车安全，大家最好不要去触及轮胎的极速，否则会降低车胎的使用寿命，甚至会发生爆胎翻车事故。90 表示轮胎负荷指数，90 代表着单轮载重量为 600kg，这些基础信息可以在车门框及轮胎外侧，或者在《维修手册》上找到。按照这些参数去找轮胎就可以了。所有新买的轮胎规格一定要和原车装配的轮胎规格一致，如需要更改轮胎规格，必须去专业的改装店进行轮胎升级，或者咨询汽车生产厂商。

1. 如何判断翻新轮胎和新轮胎？

1）汽车新轮胎和旧胎翻新的区别与鉴定，新轮胎从两边去看，新轮胎两边都有小齿牙，胎正面有凹凸不平小圆点，斜面上看着有光泽。

2）新轮胎行驶 50km 以上，轮胎正面光泽会磨损掉，胎正面凹凸不平小齿也会磨掉，翻新轮胎没有这些小齿。

3）新轮胎用手按轮胎两边，弹性十足、反弹有强硬的感觉，翻新轮胎反弹性差、柔软些。新胎颜色暗淡些，翻新胎生产日期看得不清晰。

4）其次，还可以看胎面和胎侧搭接部位。胎侧，主要看各种标示是不是齐全，一般轮胎厂家都有轮胎花纹代码标示，看花纹代码与轮胎花纹是否对应。再看胎肩处胎面与胎体结合部是否结合平顺，翻新胎都是自制胎面贴合在老的胎体上，胎面和胎侧之间搭接处不如新胎平整圆顺，轮胎侧面有结合痕迹。

2. 如何选购轮胎？

（1）在专卖店或者口碑好的店购买

当我们对挑选轮胎还不能像挑选日常用品那样熟悉之前，基本上到汽车轮胎专卖店比较放心一些，毕竟轮胎专卖店往往都是轮胎生产厂家直接建立的，在产品质量以及售后方面有相对不错的保证。但并不是说一些非专卖店销售的轮胎质量和服务就不好，如果车主觉得所在的地区轮胎专卖店也不是很可信，也可以去 4S 店或者口碑比较好的店面购买。

（2）关注轮胎的生产日期

可能会有人问，汽车轮胎和日期有什么关系？轮胎的主要材料是橡胶，而橡胶的特性就是长时间使用或者放置就会老化，如果使用老化的轮胎，轻则影响车辆的性能，重则会发生爆胎事故危及生命。如何知道轮胎老化了呢？一般来说通过看轮胎的生产日期就可以简单地判断。轮胎靠近轮毂的地方可以找到一串 4 位的数字，前两位表示生产周，后两位表示生产年份，因此，如果要换轮胎，在挑选的时候一定要看清楚生产日期。

（3）对轮胎的细节尤其要注意

翻新胎与品牌胎相比，最大差别在于耐磨性上。我们可以用四种方法进行判断。看，新轮胎胎面呈现蓝光，色泽较为自然，而翻新轮胎则显得特别亮。摸，新轮胎按压胎面，不会留下指纹，而翻新轮胎胎面则有一层蜡，摸上去会有指纹。扯，胎面上的橡胶钉和磨损标记不会很容易被扯下来。划，用硬物在胎面上轻微地划过，新胎不会留下划痕。

（4）轮胎一定要跟自己的车配套

一般情况下，在更换购买新轮胎的时候选择与自己之前型号尺寸一样的轮胎都是没问题的，但专家建议在选择轮胎的时候还要注意所选轮胎的类型，目前轮胎企业生产的轮胎主要分为运动型轮胎、冬季轮胎、全天候四驱轮胎等。我们一般选择全天候轮胎就可以了，而冬季轮胎只适合在冬季使用，如果在非冬季使用会造成车辆油耗高以及轮胎胎噪大的情况。

第三章
车辆维护保养操作

第一节 空气滤清器的保养与更换

一、空气滤清器对汽车的影响

空气滤芯太脏对车的影响：

1）空气滤芯脏了以后过滤空气的效果就不好了，会造成发动机以及节气门积炭增多，进入的空气对点火效果也会有影响。

2）汽车空气滤芯主要的作用是过滤进入汽车发动机的空气，确保进入的空气比较干净。空气滤芯太脏的话，就需要及时更换。

3）假如空气滤芯过脏，上面附着了大量的灰尘，就会阻碍空气的通过，降低发动机的进气量，从而造成发动机动力下降，行车油耗增加。

4）经过空气滤芯过滤的空气与燃油混合成可燃混合气在气缸里燃烧。假如进气系统中没有空气滤芯的话，进入气缸的空气可能携带细小的砂石颗粒或者其他不能燃烧的异物，这些东西会对气缸壁、活塞、活塞环、气门造成磨损或者损坏。

空气滤芯是否每次保养都需要更换呢？具体还要根据车辆行驶的路况来决定，每天行驶在灰尘较多的路面，两个月左右就已经非常脏了，会导致进气质量差、油耗增高、加速无力等问题。空气滤清器过脏会阻碍新鲜空气进入气缸，从而影响空燃比。根据试验，完全燃烧 1g 的汽油，约需要 15g 的空气。如果进入气缸的空气不足，混合气就不能完全燃烧，浪费燃油，使发动机功率不足，而且排出废气中的 HC 和 CO 过多，污染环境。

空气中不可避免地含有尘土等杂质，其含量随着当地的土壤、气候和道路等情况的差异而有所不同。根据试验，当汽车在多尘的路段上行驶时，空气滤清器每吸进 $1m^3$ 的空气约可滤出 0.4~1.8g 尘土。这些尘土中，按其化学成分来说，多数是二氧化硅。当它们进入摩擦表面时，就会刺破润滑油膜，加剧发动机气缸的磨损，缩短发动机的使用寿命。相对于每天行驶在公路上的汽车来说，空气滤芯基本上每保养两次就需要更换一次。

空气滤清器在使用一段时间后，滤芯内会有很多灰尘颗粒，若不加清理或更换，这些杂质过多后会堵塞进气通道，使进气不畅，影响车辆的动力性和经济性，严重时会导致车辆无法起动，所以应定期对其进行保养和更换。建议在更换发动机机油的同时将其取出进行检查保养，更换周期根据车辆的使用环境决定，一般轿车推荐每行驶 20000km 左右更换一次。

二、空气滤清器的作用与种类

1. 空气滤清器的作用

空气滤清器滤芯是一种过滤器，俗称空气滤筒、空气格等。它主要用于工程机械、汽车、农用机车、实验室、无菌操作室及各种精密操作室中的空气过滤。发动机工作状态下需要吸进大量的空气，如果空气没有经过过滤，空气中悬浮的尘埃被吸入气缸中，就会加速活塞组及气缸的磨损，较大的颗粒进入活塞与气缸之间，会造成严重的拉缸现象，这在干燥多沙的工作环境中尤为严重。空气滤清器装在进气管的前方，起到滤除空气中灰尘、砂粒的作用，保证气缸中进入足量、清洁的空气。

2. 空气滤清器的种类

按照滤清原理，空气滤清器可分为过滤式、离心式、油浴式、复合式几种。发动机中常用的空气滤清器主要有惯性油浴式空气滤清器、纸质干式空气滤清器、聚氨酯滤芯空气滤清器等几种。

惯性油浴式空气滤清器先后经过惯性式滤清、油浴式滤清、过滤式滤清三级滤清。后两级空气滤清器主要通过滤芯过滤。

惯性油浴式空气滤清器具有进气阻力小、能适应多尘多沙工作环境、使用寿命长等优点，以前在多种型号的汽车、拖拉机上采用。但这种空气滤清器滤清效率较低、重量大、成本高、维护不便，在汽车发动机中已逐渐被淘汰。

纸质干式空气滤清器的滤芯采用经过树脂处理的微孔滤纸制成，滤纸多孔、疏松、折叠，有一定的机械强度和抗水性，具有滤清效率高、结构简单、重量轻、成本低、保养方便等优点，是目前应用最广泛的汽车用空气滤清器。

聚氨酯滤芯空气滤清器的滤芯采用柔软、多孔、海绵状的聚氨酯制成，吸附能力强，这种空气滤清器具有纸质干式空气滤清器的优点，但机械强度低，在轿车发动机中使用较为广泛。后两种空气滤清器的缺点是使用寿命较短，在恶劣环境条件下工作不可靠。

各种空气滤清器各有优缺点，但不可避免地都存在进气量与滤清效率之间的矛盾。随着对空气滤清器的深入研究，对空气滤清器的要求也越来越高。现在已出现了一些新型空气滤清器，如纤维滤芯空气滤清器、复式过滤材料空气滤清器、消声空气滤清器、恒温空气滤清器等，以满足发动机工作的需要。

3. 空气滤清器的选用

空气滤清器是发动机非常重要的配套产品之一，它能保护发动机，滤除空气中的硬质灰尘颗粒，向发动机提供清洁空气，防止灰尘造成发动机磨损，对发动机的可靠性和耐久性起关键作用。因此空气滤清器的结构和容量必须满足发动机的使用性能和工作条件。空气滤清器的质量必须达到国家制定的检验标准。与空气滤清器相连的管路及接口必须保证严格密封，不得漏气，并必须保证可靠耐久。空气滤清器进气管入口的位置，应设在尘土最少、不进雨或雪、温度低、无热气及废气的部位，并具有相应保护措施。空气滤清器必须按使用手册进行定期保养及更换滤芯。在尘土较大的环境及地区中使用时，必须选用加大容量的空气滤清器（或加强型），同时滤芯的更换周期应相应缩短。否则，将不同程度地导致发动机气缸的早期磨损，继而使发动机窜气、窜机油，动力下降，使发动机不得不提前进行大修，给用户造成经济上的损失。

三、空气滤清器的保养与更换过程

空气滤清器的保养与更换主要包括以下三个方面。

第一是空气滤芯的拆卸

空气滤清器位于发动机舱内,更换滤芯相当方便。打开发动机舱,不同车型的空气滤清器位置不一样。空气滤芯被空气滤清器壳体覆盖,进气管连接在空气滤清器上方。要更换空气滤芯就要打开空气滤清器上壳。空气滤清器上壳一般是使用卡扣固定的,有些车型的空气滤清器上壳是使用螺钉固定的,但拆装一般都比较简单。

第二是空气滤芯的清洁

将滤芯从空气滤清器中取出,若滤芯没有明显的破损,表面较为干净,则可继续使用,只需要使用吹尘枪将灰尘杂物等清理干净即可。然后使用拧干后的湿抹布对空气滤清器壳体内部进行清洁。

第三是空气滤芯的安装

在安装时,空气滤清器与发动机进气管之间无论是采用法兰连接、橡胶管连接还是直接连接,都必须密封可靠,防止漏气,滤芯两端必须安装橡胶垫圈;固定空气滤清器外壳的螺母不能拧得过紧,以免压坏纸滤芯。

1. 拆卸空气滤芯

(1)打开发动机舱盖

1)扳动发动机舱盖锁机释放开关,如图3-1所示。

2)解开第二级锁钩,抬起发动机舱盖,如图3-2所示。

图3-1　扳动释放开关　　　　　　　　图3-2　抬起发动机舱盖

3)发动机舱盖自动向上撑起,处于打开状态,如图3-3所示。

注意:有些车型的发动机舱盖是要使用支撑杆进行手动固定的。

4)找到空气滤清器在发动机舱内的位置,如图3-4所示。

图 3-3　发动机舱盖打开

图 3-4　空气滤清器位置

5）查看空气滤清器及周边的附件是否有老化现象，如有应进行更换，如图 3-5 所示。

（2）拆卸管路和线路

观察空气滤清器壳体上或周围是否有影响操作的管路和线路连接在上面，若有应先断开管路和线路的连接。

1）拆下空气滤清器上的空气流量传感器线束插头，拆卸时不能硬拉硬拽，防止损伤传感器插头，如图 3-6 所示。

图 3-5　检查空气滤清器

图 3-6　拆卸空气流量传感器线束插头

2）将线束插头放置在一边，如图 3-7 所示。

（3）拆卸空气滤清器壳体上盖

准备工具：工具车、星形螺钉旋具。

选用相应的工具拆卸空气滤清器壳体的盖子。盖子的固定方式一般有卡扣式固定和螺钉固定两种，卡扣式在拆卸时只需用手掰开卡扣即可。另外，若空气滤清器前方的进气软管影响后续拆卸操作，应先拆下进气软管。

1）拆卸空气滤清器上的进气软管，使用螺钉旋具。拧松进气软管的卡箍，如图 3-8 所示。

图 3-7　移开线束插头

图 3-8　拧松进气软管卡箍

2）用手握住进气软管向后拉出，也可以左右摇晃慢慢拔出，摇晃时幅度不要过大，以防损伤进气软管，如图 3-9 所示。

3）拉出后的进气软管如图 3-10 所示。

图 3-9　拉出进气软管

图 3-10　拉出后的进气软管

4）空气滤清器壳体盖子的固定螺钉为内六星形，如图 3-11 所示。

5）选用内六星形螺钉旋具，准备进行拆卸，如图 3-12 所示。

图 3-11　固定螺钉

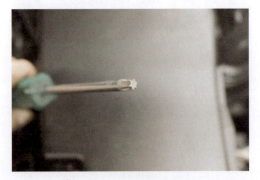

图 3-12　内六星形螺钉旋具

注意：不同车型的空气滤清器固定螺钉也不一样，所选用工具也有所不同，需要根据实际情况而定。

6）拧松空气滤清器盖子所有的固定螺钉，如图 3-13 所示。

7）部分车型因为设计原因，螺钉拧松后不需要取出来，只有在需要更换时才会强制拧出（如果需要拧出螺钉，则应把螺钉放置在螺钉盒中，防止丢失，以便后续安装），如图 3-14 所示。

图 3-13 拧松固定螺钉（一）

图 3-14 拧松固定螺钉（二）

8）取下空气滤清器壳体上盖，放置在零件车上，以防损坏，如图 3-15 所示。

9）拆卸下来的空气滤清器壳体上盖如图 3-16 所示。

图 3-15 取下上盖

图 3-16 滤清器壳体上盖

（4）取出空气滤芯

1）取出旧空气滤芯，单从颜色上观察就可以看出滤芯很脏，需要更换，如图 3-17、图 3-18 所示。

图 3-17 取出旧空气滤芯

图 3-18 旧空气滤芯

2）空气滤芯侧面，如图 3-19 所示。

3）空气滤芯正面，如图 3-20 所示。

图 3-19 空气滤芯侧面

图 3-20 空气滤芯正面

4）空气滤芯背面，如图 3-21 所示。

5）取出滤芯后，可以看到空气滤清器的下壳体里面也有一些灰尘，如图 3-22 所示。

图 3-21 空气滤芯背面

图 3-22 空气滤清器下壳体

2. 清洁保养

准备工具：抹布、吹尘枪。

使用吹尘枪将滤芯上的灰尘、杂物等吹净，然后用拧干的湿抹布把空气滤清器壳体内的灰尘杂物清理干净。因为空气滤芯不清洁干净，会严重影响使用效果。附着在滤芯内部的细小灰尘无法清理干净，阻碍空气的进入，会造成进气量不足，燃烧不完全、功率下降的情况，导致动力不足、油耗增大、排放恶化，所以滤芯过脏或已达到更换里程，应更换新的滤芯。

（1）清洁滤芯

1）若滤芯没有明显破损，表面较为干净，则可继续使用，只需将灰尘、杂物吹净即可（在吹尘时，应先从背面向正面吹尘）。吹尘时要注意所使用的吹尘枪压缩空气压力，应该在 0.2～0.29MPa 之间，防止在吹走灰尘的同时也破坏滤芯的纸纤维，或把纸纤维空隙吹大，使过滤杂质的能力下降，如图 3-23 所示。

2）再从空气滤芯侧面进行吹尘，如图 3-24 所示。

3）最后从空气滤芯正面向背面进行吹尘，如图 3-25 所示。

图 3-23 背面吹尘

图 3-24　侧面吹尘　　　　　　　　　图 3-25　正面吹尘

（2）清洁滤清器壳体

1）使用抹布将空气滤清器下壳体内的灰尘清洁干净，如图 3-26 所示。

2）擦拭时所使用的抹布一定要拧干，不能有水残留在壳体内，否则有可能对发动机造成损伤，如图 3-27 所示。

图 3-26　清洁空气滤清器下壳体（一）　　　图 3-27　清洁空气滤清器下壳体（二）

3）使用抹布将空气滤清器壳体上盖清洁干净，如图 3-28 所示。

3. 将滤芯放入壳体内

准备耗材：新空气滤芯。

（1）安装空气滤芯

1）将新的空气滤芯放入壳体内，注意观察是否放置到位，即滤芯周边要与壳体周边完全吻合，如图 3-29 所示。

图 3-28　清洁空气滤清器壳体上盖　　　　图 3-29　放入空气滤芯

注意：滤芯的上下方向不能放错，否则可能会损坏滤芯。

2）新空气滤芯（下）与旧空气滤芯正面对比，如图3-30所示。

3）新空气滤芯（下）与旧空气滤芯背面对比，如图3-31所示。

图3-30　正面新旧对比

图3-31　背面新旧对比

（2）安装壳体，连接管路、线路等

准备工具：星形螺钉旋具，十字螺钉旋具或者一字螺钉旋具。

1）安装壳体上盖，如图3-32所示。

2）安装壳体上盖时，要观察其与下壳体是否吻合，如果有缝隙则会造成汽车起动时，发动机怠速不稳，如图3-33所示。

图3-32　安装壳体上盖（一）

图3-33　安装壳体上盖（二）

3）拧紧空气滤清器壳体上盖的所有固定螺钉，如图3-34所示。

注意：空气滤清器上盖的固定螺钉不要拧得过紧，防止压坏空气滤清器。

4）安装进气软管，安装完后要检查是否完全安装到位，如图3-35所示。

图3-34　拧紧上盖固定螺钉

图3-35　安装进气软管

5）使用螺钉旋具拧紧进气软管卡箍的紧固螺钉，如图3-36所示。

6）插上空气滤清器壳体上空气流量传感器的线束插头，插上后要检查线束插头是否锁紧，如图3-37所示。

图3-36　拧紧卡箍紧固螺钉

图3-37　连接线束插头

7）空气滤清器安装完成，如图3-38所示。

8）关闭发动机舱盖，起动发动机检查发动机处于怠速状态时是否有异常。如有，要检查空气滤清器安装是否有问题，如图3-39所示。

图3-38　安装完成

图3-39　关闭发动机舱盖

四　空气滤清器滤芯的更换间隔期及使用误区

1. 空气滤清器滤芯的更换间隔

空气滤清器滤芯分为油式与干式两种，油式比较落后，但是过滤效果非常好，而且只要按时清理，可以一直反复使用，一般应用在拖拉机或者工程机械上。干式空气滤芯具有滤清效率高、质量轻、成本低、维护方便等优点，被家用汽车厂商广泛使用。

正常情况下，建议每5000km左右对空气滤芯进行清理，如果汽车行驶环境中沙尘较大，建议每3000km左右清理一次为好。油式空气滤芯的主要材质为纸质或者无纺布，可用水清洗，比较好的清理方法是使用吹尘枪吹干净。

现在的空气滤芯都很好维护，不需要什么技术，大多数人看一遍就会操作。但因为维护简单，往往被人忽略。在维护保养时，要注意观察空气滤芯是否变形，如果变形就绝对不能继续使用，否则会出现漏气现象，影响过滤效果。要注意空气滤芯四周的密封圈是否完好无损，密封圈不能有老化变形现象，否则必须更换密封圈。

空气滤芯的使用说明书中，虽然规定了行驶里程或者工作时间作为保养更换的依据，但是在实际使用中，空气滤芯的保养、更换周期与车辆使用环境因素密切相关。在空气中含尘量大的环境里，空气滤清器的保养、更换周期就应该缩短，比如在西北、华北比较干燥的区域。在含尘量小的环境中行驶的汽车，空气滤清器的保养、更换周期就可以按正常使用。比如在沿海、南方空气比较潮湿的区域。

2. 使用误区

（1）购买时不求质量

由于少数维修人员没有认清空气滤清器的重要性，只图便宜，不求质量，随意购买，以致装用不久发动机便出现异常。特别是在当前市场上假冒伪劣产品较多的情况下，更应货比三家，慎重选购，始终坚持质量第一的原则。

（2）使用中随意拆除

发动机必须使用空气滤清器，这是有科学依据的。但是，有的驾驶员却随意将空气滤清器拆除，使发动机直接吸进未经过滤的空气工作。对载货汽车拆除空气滤清器的试验表明：拆除空气滤清器后，发动机气缸磨损量将增加8倍，活塞磨损量将增加3倍，而活塞环的磨损量则会增加9倍。

（3）保养与更换不从实际出发

在实际工作中，不少汽修人员机械地按规定办事，而不根据环境等因素的不同灵活掌握，等到行驶里程达标而发动机工作状态已明显异常时才进行保养，但此时已造成损失。更有个别驾驶员根本不知道空气滤清器会失效，认为只要外部不破损就可继续使用。

3. 鉴别方法

空气滤清器的工作状况如何，何时需要保养或更换，可按以下方法进行鉴别。

理论上，空气滤清器使用寿命及保养间隔，应以流过滤芯的气体流动率与发动机所需的气体流量之比来衡量。当流动率大于流量时，滤清器工作正常；当流动率等于流量时，滤清器应进行保养；当流动率小于流量时，该滤芯不能再继续使用，否则发动机的工况会越来越差，甚至无法工作。

实际工作中，当空气滤清器的滤芯被悬浮颗粒物堵到不能满足发动机工作所需的空气流量时，发动机工作状态即会出现异常，如轰鸣声发闷、加速迟缓（进气量不足而使气缸压力不够），工作无力（因混合气过浓而使燃烧不完全）、水温度相对升高（进入排气行程时燃烧仍在继续），以及加速时排气烟度变浓。当出现这些症状时，就可判断为空气滤清器堵塞，应及时拆下滤芯，进行保养或更换。

在保养空气滤清器滤芯时，应注意滤芯内、外表面颜色的变化。清除灰尘后，如果滤纸外表面本色清晰，内表面又鲜艳，该滤芯可继续使用；若滤纸外表面已失去本色或内表面发暗，则必须更换！

第二节　认识与更换汽油滤清器

如果汽油滤清器过脏或堵塞，会导致车辆起动困难或无法起动，加速无力或无法加速，使动力性下降。多数发动机上装的都是一次性不可拆洗式的纸质滤芯汽油滤清器。根据汽油的品质，建议每行驶 40000km 更换一次汽油滤清器。

一、汽油滤清器对汽车的影响

汽油滤清器是发动机的一个重要部件，汽油滤清器的好坏直接影响发动机供油系统的正常工作，从而影响发动机的经济性。

随汽油进入发动机的颗粒中，粒径大于 15μm 的颗粒是引起气缸活塞组摩擦副磨损的最危险颗粒，而这种颗粒在每毫升汽油中平均含有 1500 个。汽车在具体的使用条件下，汽油含尘率在相当宽的范围内变化，发动机上的汽油滤清器应能保证过滤后的汽油含尘率不超过 $0.01g/m^3$。此外，使用情况表明，由于汽油的污染使发动机产生的故障中有 50% 发生在供油系统。

因此，汽油滤清器过滤性能的好坏对发动机的可靠性、经济性、动力性及使用寿命均有重要影响。

二、汽油滤清器的作用与滤清器种类

1. 汽油滤清器的作用

汽油滤清器的作用是滤除汽油中的有害颗粒和水分，以保护喷油器、缸套、活塞环等，减少磨损，避免堵塞，确保发动机稳定运行，提高可靠性。

2. 汽油滤清器的种类

汽油滤清器根据其滤芯的材料不同分为普通纸质滤芯汽油滤清器、线式滤纸汽油滤清器、海螺旋式滤纸汽油滤清器几种。

普通纸质滤芯汽油滤清器：由经树脂处理过的微孔滤纸制成，滤清效率高、成本低廉、更换方便，因此得到广泛应用。

线式滤纸汽油滤清器：其内部折叠的滤纸和塑料或金属滤清器的两端连接，污油进入后，由滤清器外壁经过层层滤纸过滤后到达中心，洁净的汽油流出。

海螺旋式滤纸汽油滤清器：它的滤纸是包裹在中心管上的。污油进入后，直接经滤纸过滤后流出。杂质颗粒被滞留在滤纸沟槽内。这种汽油滤清器的性能更卓越，应用于中高档轿车。

三 汽油滤清器的选择

1. 过滤效率要高

汽油中有水分以及其他各种细微杂质，如果不能有效过滤，就会导致供油系统被堵塞、破损，进而影响整个供油系统的工作效率。一款高品质的汽油滤清器，需要有效过滤油液中的有害颗粒，保护供油系统中相关元件免受汽油中的杂质影响。

2. 安全稳定性要高

由于汽油滤清器一直在高压的环境中工作，所以对它的要求除过滤效率之外就是安全稳定。汽油滤清器导致汽油泄漏的场景，被很多车主所诟病，因此挑选一款高品质汽油滤清器，要看它的整体结构和工艺，是否有良好的耐压能力和耐蚀能力。

3. 符合原厂生产标准

对于汽油滤清器这样的产品，由于市面上的品牌和生产标准参差不齐，给车主带来的最大困扰就是汽油滤清器无法有效匹配车型。因此，挑选一款高品质汽油滤清器，其生产标准和规格是一个重要的评估标准。

四 更换汽油滤清器

1. 拆卸汽油滤清器

准备设备、工具：举升机、安全支架、棘轮扳手、套筒、螺钉旋具、扳手，油管接头拆卸工具。

1）首先将车辆停放在举升机上的合适位置，注意前后及两边的距离要合适。关闭发动机，拉紧驻车制动，如图3-40所示。

2）按住举升机举升开关，举升车辆，如图3-41所示。

图3-40　停放车辆

图3-41　举升车辆

3）举升至合适高度后，松开举升开关，如图3-42所示。

4）按下举升机锁止按钮，举升机自动锁止，如图3-43所示。

图 3-42　举升至合适高度

图 3-43　举升机锁止

5）为了保证安全，建议在车底放置安全支架，如图 3-44 所示。

6）拆卸汽油滤清器防护罩。先找到汽油滤清器在车底的安装位置，汽油滤清器大多数都安装、固定在车底靠近油箱的车架上，下方有防护罩，如图 3-45 所示。部分车型的汽油滤清器安装在油箱内，其更换周期更长，一般 60000～80000km 更换一次。

图 3-44　放置安全支架

图 3-45　汽油滤清器位置

7）拆下汽油滤清器下方的塑料防护罩，如图 3-46 所示。

8）拆卸汽油滤清器两端的油管。油管内有汽油，拆卸时用抹布包住以防溅落。为方便油管的拆卸，可先将汽油滤清器支架固定螺钉拧下，让其整体下垂（不同车型按具体情况操作），如图 3-47 所示。

图 3-46　拆下防护罩

图 3-47　拧下汽油滤清器支架固定螺钉

注意：在更换汽油滤芯之前要给燃油系统泄压，避免断开油管时汽油四处喷溅。还有，就是必须在冷车状态下更换，以防汽油喷溅到炽热的排气管上，发生火灾。更换时使用的照明灯也要用LED灯。

9）拧下汽油滤清器支架固定螺钉，放置在螺钉盒中防止弄丢，如图3-48所示。

10）选择合适的油管接头拆装工具拆卸油管，如图3-49、图3-50所示。

11）将专用工具套装在油管接头处，如图3-51所示。

12）专用工具要安装到位，防止损坏油管接头卡扣，如图3-52所示。

图3-48　拧下汽油滤清器支架固定螺钉

图3-49　油管接头拆装工具

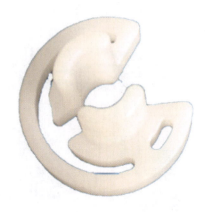

图3-50　选择合适的油管拆装工具

图3-51　安装专用工具

图3-52　专用工具必须安装到位

13）将专用工具向油管接头内推入，以顶开接头内的卡扣，如图3-53所示。

14）接头卡扣顶开后即可将油管和汽油滤清器分离，如图3-54所示。

15）用同样的方法拆卸汽油滤清器另一头的油管，如图3-55所示。

16）将汽油滤清器和支架从车上拆下，然后将汽油滤清器从支架上拆下，如图3-56所示。

图3-53 顶开接头卡扣

图3-54 分离汽油滤清器和油管

图3-55 拆卸另一头油管

图3-56 拆下汽油滤清器和支架

17）拆下的汽油滤清器如图3-57所示。

2. 更换汽油滤清器

准备工具：新汽油滤清器。

1）将新的汽油滤清器安装在支架内，放入汽油滤清器时要注意它的方向，不要装反，如图3-58所示。外置式汽油滤芯是有方向的，一般在上面有"IN""OUT"或者"→"标志，千万不要安装错误。如果安装错误、进出油口接反的话，汽油从出油口进入，会将滤纸从内向外顶开，导致汽油滤芯损坏，进而失去过滤作用。这种情况下一般在短时间内使用是没有问题的，但是长时间使用就会导致发生汽车加速缓慢、喷油器磨损、堵塞等故障。

图3-57 拆下的汽油滤清器

2）拧紧汽油滤清器固定螺钉，检查有无晃动，如图3-59所示。

图 3-58 装上支架　　　　　　　图 3-59 拧紧固定螺钉

3）安装汽油滤清器两端的油管，如图 3-60 所示。

4）油管卡扣与汽油滤清器上的卡槽安装要到位（卡住才可以），否则会漏油。由于油管就在排气管旁边很容易引起燃烧，发生火灾，如图 3-61 所示。

图 3-60 安装油管（一）　　　　　图 3-61 安装油管（二）

5）拉拔油管与汽油滤清器，看是否会脱开，若油管与汽油滤清器脱开，则可能是油管的卡扣损坏或汽油滤清器的卡槽不合适，应更换新件，如图 3-62 所示。

6）起动发动机，进行怠速、加速运行测试，如图 3-63 所示。

图 3-62 检查油管松紧度　　　　　图 3-63 测试发动机工作情况

7）在发动机运转时，检查油管接头处是否有汽油泄漏。没有漏油则说明安装成功，如果有汽油泄漏，则需要进行检查确认是否已经安装好。如果安装不合适则需要进行拆卸重新安装，如图 3-64 所示。

8）检查油管接头是否泄漏，如图 3-65 所示。

图 3-64　检查泄漏（一）

图 3-65　检查泄漏（二）

9）若无泄漏，拧紧汽油滤清器支架固定螺钉，将汽油滤清器支架安装在车架上，如图 3-66 所示。

10）安装汽油滤清器下方的防护罩，如图 3-67 所示。

图 3-66　安装支架固定螺钉

图 3-67　安装防护罩

11）将汽油滤清器防护罩所有螺钉拧紧，防止螺钉在汽车行驶过程中振动，损伤汽油滤清器，以及在行驶过程中滤清器被石子打伤，如图 3-68 所示。

12）汽油滤清器安装完成，如图 3-69 所示。

图 3-68　安装防护罩

图 3-69　安装完成

13）取出安全支架，如图3-70所示。

14）按下举升机下降按钮放下车辆，如图3-71所示。

图3-70 取出安全支架

图3-71 放下车辆

五 相关知识拓展

1. 为什么要装汽油滤清器

电喷发动机需要更清洁的燃油，因为哪怕是极微小的杂质也会磨损电喷系统中的精密零部件。因此电喷发动机需要专用的汽油滤清器，过滤燃油中的杂质，避免它们进入喷油系统。汽油滤清器是组成电喷系统的重要零部件，只有原厂配套或超出配套品质的汽油滤清器才能提供电喷系统要求的清洁燃油，从而使发动机性能达到最优化，同时也给发动机提供了最佳保护。

电喷系统的喷油器是燃油供给系统中最精密的零部件，它的内部是配合间隙极小的精密偶件，间隙一般只有几微米，特别是缸内直喷发动机，它的喷油器偶件精密度更高，喷油压力更大，汽油流动速度也更快。如果没有经过滤清的汽油进入了喷油器，汽油中的杂质就会磨损或堵塞喷油器，使喷油器不能正常喷射燃油。如果杂质将喷油器堵塞，会导致喷油量过小，发动机转速无法提升；如果喷油器偶件被刮伤，就会导致喷油器漏油、滴油，发动机油耗增高，排气管冒黑烟等。

此外，汽油中的大颗粒杂质还会进入到活塞与气缸壁之间，并起到磨料的作用，进而加剧气缸的磨损；还有就是汽油中胶质是不可燃烧的，它是发动机积炭的重要来源，劣质的汽油中含有更多的胶质，发动机的积炭也会更严重。所以，这种没有经过过滤的不干净汽油是不能满足发动机正常工作要求的，汽油在进入发动机之前必须过滤。

2. 汽油滤芯多长时间更换一次合适

这主要与燃油的品质有关，汽油的品质越高，越纯净，汽油滤芯使用的时间越长。还有汽油滤芯的容尘量也是非常重要的影响因素。显然，容尘量越大的汽油滤芯，可以使用的时间越长。一般来说，外置式汽油滤清器每40000km左右更换，内置式汽油滤清器每80000km左右更换。当然，这并不是绝对的时间规定，可以根据实际情况上下浮动。当汽车出现加速缓慢、急加速顿挫等现象时，首先要怀疑是汽油滤芯堵塞了。此外，长期使用纯汽油的汽车，更换为乙醇汽油以后，由于乙醇汽油的清洗作用较强，会把油箱中沉积的胶质、污垢等清洗下来，这样容易堵塞汽油滤芯。

第三节　火花塞的拆装与检查

火花塞的作用是利用高压导线送来的脉冲高电压放电，击穿火花塞两电极间的空气，产生电火花引燃气缸内的可燃混合气。高性能发动机运行的基本条件：高能量、稳定的电火花，混合均匀的混合气，高压缩比。总之，火花塞是汽油机点火系统中将高压电流引入气缸，产生电火花，以点燃可燃混合气的部件。

一、火花塞对汽车的影响

汽车的功率变低：火花塞如果有太多的积炭，会直接导致火花过弱，这会使发动机的工作非常不平稳，所以动力就不是很充沛，可能会导致动力不足。

发动机排放超标：如果部分火花塞损坏，发动机仍可继续工作，这时候喷油器将汽油直接喷入气缸，而在气缸内并没有进行充分燃烧，未充分燃烧的混合气从排气管排出会导致汽车的尾气污染物成分大幅度超标，轻则排气管冒黑烟，重则OBD Ⅱ系统不能正常工作。

车辆缺缸：首先，如果火花塞损坏，那么气缸肯定不能进行正常的点火工作，这时候汽车起动时会出现剧烈抖动，甚至会影响发动机整体的动力输出，特别是在一些气缸比较少的发动机上更为明显。

车辆无法行驶：某些原因导致火花塞损坏后，继续使用很可能会损坏发动机的点火系统，使得其他火花塞也不能正常工作，这样一来车辆就无法起动了。

二、火花塞的作用与火花塞的种类

1. 火花塞的作用

火花塞的主要作用是在发动机ECU控制下，将点火线圈产生的高压电引入发动机气缸，在火花塞电极的间隙之间产生电火花点燃混合气，从而使发动机正常运转。由于柴油燃点低，可以直接压燃，所以柴油发动机没有火花塞，只有汽油发动机才有火花塞。

2. 火花塞的种类

火花塞按照热值高低来分，有冷型和热型；按照电极材料来分，有镍合金、银合金和铂合金等；如果更专业一些，火花塞的类型大体上有如下几种：标准型火花塞、缘体突出型火花塞、电极型火花塞、座型火花塞、极型火花塞、面跳火型火花塞等。

1）标准型火花塞：其绝缘体裙部略缩入壳体端面，侧电极在壳体端面以外。它是使用最广泛的一种。

2）缘体突出型火花塞：绝缘体裙部较长，突出于壳体端面以外。它具有吸热量大、抗污染能力好等优点，且能直接受到进气的冷却而降低温度，因而不易引起炽热点火，故热适应范围广。

3）电极型火花塞：其电极很细，特点是火花强烈，点火能力好，在严寒季节也能保证发动机迅速可靠地起动，热范围较宽，能满足多种用途。

4）座型火花塞：其壳体和旋入螺纹制成锥形，因此不用垫圈即可保持良好密封，从而缩小了火花塞体积，对发动机的设计更为有利。

5）极型火花塞：侧电极一般为两个或两个以上。它的优点是点火可靠，间隙不需经常调整，故在电极容易烧蚀和火花塞间隙不能经常调节的一些汽油机上经常采用。

6）面跳火型火花塞：即沿面间隙型，它是一种最冷型的火花塞，其中心电极与壳体端面之间的间隙是同轴的。

7）标准型与突出型火花塞：标准型火花塞是绝缘体裙部端略低于壳体螺纹端面的单侧电极火花塞，它是侧置气门式发动机应用最广泛的传统结构。为区别于后来出现的"突出型"，此结构被称为标准型。

突出型火花塞最初是为顶置气门式发动机配套设计的。它的绝缘体裙部突出于壳体螺纹端面而伸入燃烧室内。在燃烧的混合气中吸收较多热量，怠速时有较高的工作温度，可避免污损；高速时由于气门顶置，吸入的气流对准绝缘体裙部，可将其冷却，使最高温度提高不多，因而热范围较大。突出型火花塞由于进气道拐弯多，气流对绝缘体裙部冷却作用不大，因此不适用于侧置气门式发动机。

8）单侧极与多侧极火花塞：传统单侧极火花塞有一个明显的缺陷，即侧电极盖住了中心电极。当两极间高压放电时，火花间隙处的混合气将吸收火花热量并因电离被激活而形成"火核"。"火核"形成的场所一般在接近侧电极处，热量将较多地被侧电极吸收，即存在电极的"消焰作用"。它减少了火花能量，降低了跳火性能。

于是，在20世纪20年代，出现了三侧极火花塞。与单侧极相比，多侧极的火花间隙由多个侧电极的断面（冲成圆孔）和中心电极的圆柱面构成，这种旁置式的火花间隙消除了侧电极盖住中心电极的缺点，增加了火花的"可达性"，火花能量较大，较容易深入气缸内部，有助于改善混合气燃烧状况并减少废气排放。由于多侧极提供了多个跳火通道，因而延长了火花塞使用寿命，提高了点火的可靠性。这里必须指出，放电的瞬间只能是一条通道跳火，不可能多侧极同时跳火。

9）镍基合金与铜芯电极火花塞：对伸入燃烧室电极的最基本要求是耐烧蚀（电蚀和化学腐蚀）和良好的导热性。随着材料科学和工艺技术的发展，电极材料经历了铁、镍、镍基合金、镍铜复合材料、贵金属的演化过程。现在用得最普遍的是镍基合金。通常，纯金属的导热性优于合金，但纯金属（例如镍）对燃烧气体及其形成的固状沉积物的化学腐蚀反应比合金灵敏。因此电极材料采用镍基加入铬、锰、硅等元素，铬提高抗电蚀能力，锰和硅提高耐化学腐蚀能力，特别是对危害性很大的氧化硫的耐腐蚀能力。

10）普通型与电阻型火花塞：火花塞作为火花放电发生器，是一种宽带连续型的电磁辐射干扰源。为了抑制因跳火产生的电磁辐射对无线电场的强干扰，保护无线电通信并防止车载电子装置的误动作，世界各国从20世纪60年代以来，加快了电阻型火花塞的开发。我国也发布了一系列强制性电磁兼容的国家标准，对于火花塞点火发动机驱动的车辆装置无线电干扰特性给出了严格的限制，因此对电阻型火花塞的需求也大为增加。电阻型火花塞在结构上与普通型没有大的区别，仅仅是将绝缘体内的导体密封剂改为电阻密封剂。

3. 热特性

火花塞的标准中通常用热值来表示火花塞的热特性，火花塞热值表示火花塞绝缘体裙部吸热与散热的平衡能力，热值越高。则吸热与散热平衡能力越强，因而热型火花塞热值低，冷型火花塞热值高。一般功率高、压缩比大的发动机选用热值高的冷型火花塞；相反，功率低、压缩比小的发动机选用热值低的热型火花塞。一般火花塞的选用是工厂通过产品定型实验确定的，不应随意更换。

4. 火花塞的选择

选择火花塞可依据发动机的压缩比、转速和空燃比来确定它的热值。

市售的火花塞热值一般从 5～9。数值越大，火花塞就越"冷"，即所谓的冷型，高压缩比发动机需要使用冷型火花塞。数值越小，火花塞就越"热"，即热型，低压缩比发动机要使用热型火花塞。

较冷的火花塞的制作比一般产品更加精良，所以在发动机高转速下，它能保证点火的准确性和质量，从而保证发动机的最大动力。另外，其电阻也被控制得非常小，跳火的次数丝毫不因转速的升高而有所缺失。所以使用热值较高的火花塞对习惯拉高发动机转速是大有好处的。

（1）间隙要求

火花塞电极间的间隙对火花塞的工作有很大影响，间隙过小，则火花微弱，并且容易因产生积炭而漏电；间隙过大，所需击穿电压增高，发动机不易起动，且在高速时容易发生"缺火"现象，故火花塞间隙应适当，一般蓄电池点火系统使用的火花塞间隙为 1.0～1.2mm，个别火花塞间隙可达 1.2mm 以上。

（2）温度要求

火花塞绝缘体裙部（指火花塞中心电极外面的绝缘体锥形部分）直接与燃烧室内的高温气体接触而吸收大量的热，吸入的热量通过外壳分别传到气缸盖和大气中。实验表明，要保证汽车发动机正常工作，火花塞绝缘体裙部应保持 500～600℃的温度（这个温度称为火花塞的自洁温度），若温度低于此值，则将会在绝缘体裙部形成积炭而引起电极间漏电，影响火花塞跳火。若绝缘体温度过高（超过 900℃），则混合气与炽热的绝缘体接触时，将发生炽热点火，从而导致发动机早燃。火花塞正常工作的温度在 450～870℃之间。这时火花塞呈黄褐色。如果火花塞工作温度长期低于 450℃，火花塞周围会有很多积炭，火花塞呈黑色。

（3）性能要求

火花塞主要要求是热特性、抗拉强度、耐热性能、导电性能、绝缘强度、密封性、耐蚀性。火花塞必须是抗热的，将其旋入部分置入已加热到温度为 700℃的坩埚电炉或马弗电炉中保温 10min 以后，随即在空气中冷却，在绝缘体表面上不应有开裂。

火花塞密封性能要求：进行抗热试验后，在气压差为 1MPa 时，其漏气量每分钟不允许超过 40mL（如果中心电极胶装采用导体密封材料时，其漏气量每分钟不允许超过 5mL）。火花塞绝缘体组件应能耐受工频（50Hz）电压 220V（有效值），历时 30s 的试验。

（4）材料要求

火花塞中心电极和侧电极的导电性能取决于电极与混合气接触情况。所以，电极对耐蚀性的要求极高。同时，由于燃烧时温度极高，电极材料对耐热性要求高。因此，许多火花塞采用镍锰合金。为提高耐热性能，也有的火花塞采用镍包铜的材料。铜制垫圈除起导热作用外，也起密封作用。绝缘体用高氧化铝陶瓷制成。

三、火花塞更换

火花塞更换与检查主要包括拆卸火花塞、检查火花塞以及火花塞安装。

（1）拆卸火花塞

拆卸火花塞需要专用扳手、长接杆和六角套筒。汽车上的火花塞一般是用 16mm 的六角套筒拆卸的。发动机冷却后方可拆卸。先清理点火线圈及其附近的灰尘和油污，然后拔下点火线圈的线束插头，用套筒拧下点火线圈的固定螺栓。

（2）检查火花塞

检查火花塞外观，如有破损、明显缺陷，应更换新的火花塞。火花塞上如有积炭、油迹等，应进行清理，必要时更换新的火花塞。如在火花塞上发现熏黑形成釉层等不正常现象，应进行清理，必要时更换新的火花塞。

火花塞的电极间隙一般可按 1.0~1.2mm 调整。火花塞电极间隙因车型的不同而异，可以从随车手册中查找。火花塞电极间隙过小，火花塞跳火能量变弱，电极容易烧蚀；火花塞电极间隙过大，发动机高速运转时易出现断火。火花塞电极间隙可用塞尺进行测量。

如果火花塞电极间隙不符合要求，应进行调整。调整间隙时，只能调整旁电极，不能调整中心电极，以免损坏绝缘体。火花塞间隙太大时，可用旋具柄轻轻敲打电极来调整，但不要用力过大，否则旁电极可能因过度弯曲而损坏；如果间隙过小，可用一字头的旋具插入电极间，扳动旋具把间隙调整到规定值为止。

（3）火花塞的安装

安装火花塞时，先将火花塞放到套筒装入安装孔，然后使用扭力扳手紧固火花塞，一般拧紧力矩为 25~30N·m。

1. 拆卸火花塞

准备工具：磁棒、拆装工具套装。

（1）打开发动机舱盖

1）扳动发动机舱盖锁机释放开关，如图 3-72 所示。

2）将发动机舱盖打开，如图 3-73 所示。

图 3-72　扳动锁机释放开关

图 3-73　打开发动机舱盖

3）打开发动机舱盖后，用支撑杆支撑好，如果是自动支撑杆，则不需要，如图 3-74 所示。

（2）拆卸发动机罩

1）拆卸火花塞之前，需要将发动机罩拆下。如果没有则不需要进行拆卸，有的发动机罩是用卡扣固定的，可以轻松拆卸下来，如图 3-75 所示。

图 3-74　撑好发动机舱盖

图 3-75　发动机罩

2）选择与螺母尺寸相符的套筒，如图 3-76 所示。

3）将套筒与长接杆、棘轮扳手组合，如图 3-77 所示。

图 3-76　选择合适套筒

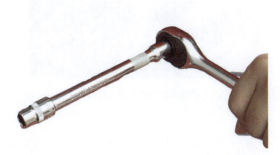

图 3-77　选择拆装工具

4）拆卸发动机罩，如图 3-78 所示。

5）拧松发动机罩的所有固定螺栓，如图 3-79 所示。

图 3-78　拆卸发动机罩

图 3-79　拧松固定螺栓

6）取出螺栓放置在零件车上防止丢失，如图 3-80 所示。

7）发动机罩固定螺栓比一般螺栓要长一些，如图3-81所示。

图3-80　取出固定螺栓

图3-81　发动机罩固定螺栓

8）取下发动机罩放置在一旁，如图3-82所示。

9）火花塞安装在气缸盖的中间位置（有些发动机的火花塞在气缸盖侧面），不同车型安装位置有所不同，如图3-83所示。

图3-82　取下发动机罩

图3-83　火花塞安装位置

（3）拆卸高压线

1）拆卸火花塞之前，将火花塞高压线拆卸出来（要拿着柱状线圈总成头部拔出，不能直接拉拔高压线，防止损坏高压线），火花塞在高压线下面，拆卸时要记住各高压线的位置，装回时不要弄错，必要时在各线上贴好缸数标记（有些车型为单缸独立点火结构，直接将点火线圈安装在火花塞上方，没有高压线，拔下点火线圈线插头后，拧下点火线圈固定螺钉，取出线圈总成即可），如图3-84所示。

2）直接用手向上用力，拔出所有气缸的火花塞高压线，如图3-85所示。

图3-84　拔出高压线

图3-85　拔出所有高压线

（4）拆卸火花塞

选择合适的火花塞套筒拆卸火花塞。注意：部分火花塞螺纹较长，所以旋松圈数较多。选择与火花塞螺母尺寸相符的火花塞套筒（火花塞套筒是专用的，比一般套筒要长，里面有软橡胶塞可以裹住火花塞不让其从套筒中脱落，常用的火花塞套筒尺寸有14mm、16mm和21mm三种），如图3-86所示。

1）将套筒与长接杆、棘轮扳手组合，如图3-87所示。

图3-86　火花塞专用套筒

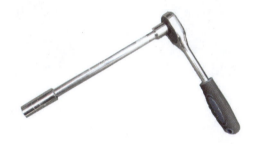

图3-87　选择合适工具

2）将套筒放入到位后拧松火花塞，如图3-88所示。

3）取出所有火花塞，然后用抹布将火花塞孔遮盖好，防止异物落入。若有异物落入，当发动机起动时，会造成发动机损伤。当套筒不能将火花塞从导管内提出时，可以用磁棒将其取出，也可以使用高压线取出火花塞，如图3-89所示。

图3-88　拧松火花塞

图3-89　吸出火花塞

4）用磁棒取出火花塞，如图3-90所示。

5）拆卸下来的火花塞，每个缸火花塞都要取出，如图3-91所示。

图3-90　取出火花塞

图3-91　拆卸下来的火花塞

6）用毛巾将火花塞孔全部盖住，如图 3-92 所示。

7）盖住火花塞孔的目的是防止异物落入气缸，防止损伤发动机，如图 3-93 所示。

图 3-92　盖住火花塞孔

图 3-93　盖住的火花塞孔

2. 检查火花塞

检查火花塞的外表、电极和头部的颜色、两个电极的间隙等，如有异常应更换新件。观察火花塞电极处是否有明显积炭，在正常情况下应该没有积炭，电极处呈现的颜色是黄褐色，如图 3-94 所示。

1）用塞尺检查火花塞电极间隙，如图 3-95 所示。

图 3-94　目视检查火花塞

图 3-95　塞尺

2）将塞尺放入电极之间，来回拉动有少许阻力时，塞尺的厚度就是两电极之间的间隙。应符合对应维修手册规定的间隙值。如果超出标准值则需要进行调整，或更换新的火花塞，如图 3-96 所示。

3. 安装火花塞

（1）安装火花塞

检查完成后，安装火花塞，将火花塞放正后慢慢拧紧，若拧紧时感觉阻力较大，应控出检查是否正常，以免损坏气缸盖。火花塞拧紧力矩不要太大，一般为 25~30N·m，如图 3-97 所示。

图 3-96　检查火花塞间隙

1）将所有火花塞从安装孔放入，放入火花塞时不能直接用手放入，以防损坏电极，可以用长接杆配合火花塞套筒放入，也可以借助火花塞高压线或磁棒放入，如图 3-98 所示。

图 3-97　放入火花塞（一）

图 3-98　放入火花塞（二）

2）先用手拧紧火花塞，如图 3-99 所示。

3）螺纹对正后，火花塞是很容易用手拧入的，若在拧的过程中遇到明显阻力，应拧松后检查螺纹是否对正，切不可用蛮力继续拧紧，以防损坏火花塞，如图 3-100 所示。

图 3-99　用手拧紧火花塞（一）

图 3-100　用手拧紧火花塞（二）

4）用棘轮扳手拧紧火花塞，火花塞的拧紧力矩一般为 25~30N·m，不要拧得太紧。

火花塞安装力矩过大，会导致垫片过度变形、六角螺母产生压痕，容易造成发动机拉缸，导致火花塞失火、失效。拧紧力矩过小，则不能达到预期的密封性能和传热效果，造成火花塞从螺纹处漏气、侧电极温度过高，造成火花塞失效，从而导致发动机发生点火失效、抖动故障，如图 3-101 所示。

（2）安装高压线

1）安装火花塞高压线，将各气缸高压线装入压紧，如图 3-102 所示。

图 3-101　用棘轮扳手拧紧火花塞

图 3-102　安装高压线

2)将所有高压线装入对应的气缸,一定不能装错,汽油机的每一缸点火和喷油都是根据正时信号设定好了的,比如,四缸机的喷油和点火是按 1-3-4-2 缸顺序轮流进行的。四个缸的点火线都插错后将会造成各个缸喷了油却不能同步点火的状况,这将会造成发动机不能起动故障,如图 3-103 所示。

3)对高压线柱状线圈头部进行按压,使其安装到位,如图 3-104 所示。

图 3-103 安装高压线

图 3-104 按压高压线

4)将线排列好,装入卡槽,如图 3-105 所示。

(3)起动发动机检查

起动发动机,检查运行是否有异常,如遇起动困难、发动机抖动、加速迟缓等问题,应拆卸检查或更换火花塞。若正常则安装其他部件,然后关闭发动机舱盖,如图 3-106 所示。

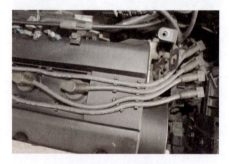

图 3-105 卡好高压线

图 3-106 起动发动机检查

(4)安装发动机罩

1)将发动机罩放入发动机舱安装位置,如图 3-107 所示。

2)拧上发动机罩螺钉,如图 3-108 所示。

图 3-107 放入发动机罩

图 3-108 拧上紧固螺钉

3）先用手拧紧，如图3-109所示。

4）再用棘轮扳手拧紧，如图3-110所示。

图3-109　用手拧紧螺钉　　　　　　　　图3-110　用棘轮扳手拧紧

5）放下发动机舱盖支撑杆，如图3-111所示。

6）关闭发动机舱盖，如图3-112所示。

图3-111　放下发动机舱盖支撑杆　　　　图3-112　关闭发动机舱盖

7）操作完成，整理清洁工具场地，如图3-113所示。

四　火花塞的基本性能及相关知识

1. 火花塞的基本性能

火花塞的好坏直接影响到车辆的动力性和经济性。火花塞主要由接线螺母、绝缘体、接线螺杆、中心电极、

图3-113　操作完成

侧电极以及外壳组成，其中侧电极焊接在外壳上。绝缘体必须具有良好的绝缘性和导热性、较高的机械强度，能耐受高温热冲击和化学腐蚀，材料通常是95%的氧化铝陶瓷。壳体是钢制件，功能是将火花塞固定在气缸盖上。壳体六角螺纹的尺寸已纳入ISO国际标准。火花塞电极包括中心电极和侧电极，两者之间为火花间隙。间隙的大小直接影响着发动机的起动、功率、工作稳定性和经济性。合理的间隙与点火电压有关。电极材料必须具有良好的抗电蚀（火花烧蚀）和腐蚀（化学—热腐蚀）能力，并应具有良好的导热性。中心电极与接线螺杆之间是导体玻璃密封剂，既要能够导电，也要能承受混合气燃烧的高压，同时保证其密封性。

火花塞热值用数字一般用1~9表示，其中1~3为低热值，4~6为中热值，7~9为高热值。原厂的备件火花塞热值一般有5、6、7三种，能够大量散热的称为冷型火花塞，也就是高热值火花塞。冷型火花塞（高热值）的绝缘体裙部相对较短，散热路径比较短，散热相对较多，所以不易造成中心电极温度的上升。相对散热量较小的叫热型火花塞，也就是低热值火花塞。热型火花塞（低热值）的绝缘体裙部较长，当气缸内温度分布均匀时，裙部越长，受热面积就越大，传导热量的距离就越长，所以散热少，中心电极温度上升较高。一般来说，低热值的火花塞适用于低速、低压缩比的小功率发动机，而高热值火花塞则适用于高速、高压缩比的大功率发动机。

火花塞正常工作的温度在450~870°，这时火花塞呈黄褐色。如果火花塞工作温度长期低于450°，火花塞周围会有很多积炭，使火花塞呈黑色。

火花塞的电极材料有铜、镍、钇、铂、铱、铂铱合金等金属，材料越好，其使用寿命和更换周期越长。

火花塞的更换里程一般为20000~30000km，电极材料采用特殊金属的可延长至60000km、80000km甚至是100000km，具体参照火花塞使用说明。在实际维修中，车辆每行驶20000km时也应拆卸检查，有问题应及时更换。

火花塞的中心电极和侧电极的间隙，一般在1.0~1.2mm。间隙过大或过小都会影响点火性能，从而使车辆的动力性和经济性下降。

2. 怎样判断火花塞该换了

跳火判断：旋下火花塞，放在火花塞跳火实验台上，若无火花或火花较弱，表明火花塞工作不良或不工作。

外观颜色判断：拆下火花塞观察，根据以下的外观颜色观察判断火花塞的使用状况：

1）如果是赤褐色或铁锈色，表明火花塞正常。

2）如果是渍油状，表明火花塞间隙失调或供油过多，高压线短路或断路。

3）如果是烟熏过的黑色，表明火花塞冷热型选错或混合气浓，机油上窜。

4）如果在顶端处与电极间有沉积物，沉积物为油性物时，证明气缸窜机油，与火花塞无关；沉积物为灰色则是因为汽油中添加剂覆盖了电极而导致缺火。

5）如果火花塞严重烧蚀，顶端出现起疤、纹路、破裂、电极熔化等现象，这就表明火花塞已经损坏，必须立即更换。

第四节　认识与更换发动机机油

发动机机油，被形象地称为发动机的"血液"。它能对发动机起到润滑、清洁、冷却、密封、减磨、防锈等作用。发动机是汽车的心脏，内部有许多相互摩擦运动的金属表面，这些部件运动速度快、环境差，工作温度可达400~600℃。在这样恶劣的工况下，只有合格的机油才可降低发动机零件的磨损，延长使用寿命。机油由基础油和添加剂两部分组成。基础油是机油的主要成分，决定着机油的基本性质。添加剂可弥补和改善基础油性能方面的不足，赋予机油某些新的性能，是机油的重要组成部分。基础油又分矿物基础油及合成基础油两大类。矿物基础油的应用比较广泛。

一、发动机机油的认识

1. 发动机机油的作用

1）润滑作用：活塞和气缸之间，主轴和轴瓦之间均存在着快速的相对滑动，要防止零件过快磨损，则需要在两个滑动表面间建立油膜。有足够厚度的油膜将相对滑动的零件表面隔开，从而达到减少磨损的目的。

2）冷却作用：机油因比热容较低，且在发动机内部，本身并不具有冷却作用。但发动机内由于燃料燃烧产生热能，在发动机工作时，机油能够将热量带回机油箱再散发至空气中，帮助冷却发动机，真正起冷却作用的是发动机壳体。

3）清洁作用：好的机油能够将发动机零件上的碳化物、油泥、磨损金属颗粒通过循环带回机油箱，通过机油的流动，冲洗了零件工作面上产生的脏物。

4）密封作用：机油可以在活塞环与活塞之间形成一个密封圈，减少气体的泄漏和防止外界的污染物进入。

5）防锈作用：机油能吸附在零件表面防止水、空气、酸性物质及有害气体与零件的接触。

6）减振缓冲作用：当发动机气缸口压力急剧上升，突然加剧活塞、活塞销、连杆和曲轴轴承上的负荷。这个负荷经过轴承传递给机油，对承受的冲击负荷起到缓冲作用。

7）减少磨损作用：摩擦面加入润滑剂，能使摩擦系数降低，从而减少了摩擦阻力，节约了能源消耗，润滑剂在摩擦面间可以减少磨粒磨损、表面疲劳、黏着磨损等所造成的磨损。

2. 发动机机油的分类

发动机机油可分为矿物机油、半合成机油和全合成机油三种。

1）矿物机油：矿物机油是在石油提炼过程中分馏出有用的物质，是在提取汽油和航空用油之后，再把剩下来的底油进行加工提取的。就本质而言，它运用的是原油中较差的成分。矿物油价格低廉，使用寿命及润滑性能都不如合成油，同时还对环境有较大的污染。另外，矿物油在提炼过程中因无法将所含的杂质完全除去，因此流动点较高，不适合低温地区极端条件下使用，因此已逐渐被淘汰。

2）半合成机油：基础油为矿物油，外加各种合成成分，如图 3-114 所示。

3）全合成机油：基础油是非矿物油，为化学合成，全合成机油不易产生油污积炭，换油周期更长，适合温度范围更广，如图 3-115 所示。

图 3-114　半合成机油

图 3-115　全合成机油

3. 发动机机油的等级标号

SAE 机油黏度分类的冬季用油牌号分别为 0W、5W、30W、35W、20W、25W。符号 W 代表冬季，W 前的数字越小，其低温黏度越小，低温流动性越好，适用的最低气温越低。

SAE 机油黏度分类的夏季用油牌号分别为 20、30、40、50，数字越大，其黏度越大，适用的最高气温越高。

SAE 机油黏度分类的冬夏通用油牌号分别为 5W-20、5W-30、5W-40、5W-50、30W-20、30W-30、30W-40、30W-50、35W-20、35W-30、35W-40、35W-50、20W-20、20W-30、20W-40、20W-50，代表冬季使用部分的数字越小，适用最低气温越低；夏季使用部分的数字越大，适用的最高气温和气温范围越大。

API 发动机机油分为两类。"S"开头系列代表汽油发动机用机油，规格有 API SA、SB、SC、SD、SE、SF、S、SH、SJ、SL、SM、SN。"C"开头系列代表柴油发动机用机油，规格有 API CA、CB、CC、CD、CE、CF、CF-2、CF-4、CG-4、CH-4、CI-4。当"S"和"C"两个字母同时存在，则表示此机油为汽柴通用型。"S"或"C"后面的字母表示的意义是从"SA"一直到"SM"，每递增一个字母，机油的性能都会优于前一种，机油中会有更多用来保护发动机的添加剂。字母越靠后，质量等级越高。

4. 发动机机油的更换周期

矿物机油：3000～5000km 更换。

半合成机油：推荐 5000～7500km 更换。

全合成机油：推荐 10000～12000km 更换。

若车辆发动机半年或半年以上未起动过，也应该更换机油。

二 如何选用合适规格的发动机机油

由于机油对发动机的使用性能和寿命都有很大的影响，因此应严格按照汽车使用说明书规定选用相同系列、使用等级、黏度等级的机油。车辆说明书推荐的机油是根据发动机的性能和销售地域的气温等情况而定的，对机油的选用有一定的指导作用，并留有较大的安全系数，同时也是发动机保用期内索赔的前提条件之一。若无说明书可按下列方法，选用合适的机油规格。

根据发动机的使用燃料选择相对应系列的发动机机油：汽油机选用 S 系列油；柴油机选用 C 系列油；液化石油气发动机选用液化石油气专用机油。

1. 汽油机机油使用等级的选用

由于汽油机工作条件的苛刻程度与发动机进、排气系统中有无附加装置及其类型有关，因此，可按附加装置的类型来选用汽油机机油的使用等级。

1）没有附加装置的汽油发动机可选用 SD 级油。

2）有曲轴箱强制通风（PCV）装置的汽油发动机可选用 SE 级油。

3）有废气再循环（ECR）系统的汽油发动机应选用 SF 级油。

4）装有催化转化器或中低档电喷系统的汽油机，要选用 SG 级以上的机油。

5）现代轿车一般推荐使用 SJ 或更高级别的机油，如 SN。

2. 柴油机机油使用等级的选用

柴油机机油的使用等级应根据柴油机的强化系数来确定，强化系数表示发动机的机械负荷和热负荷的总和。

3. 黏度等级的选用

机油黏度的选用应同时满足低温起动性和高温润滑性。根据地区、季节和气温选用黏度等级，并尽量使用多级油。在严寒地区冬季使用的发动机机油应选用 0W、5W 油或 0W/20 或 5W/20 多级油；而在炎热地区的夏季，则应使用 40 号油或 20W/40 等机油。

根据发动机技术特性选用黏度等级：对于新发动机应选用黏度较小的机油，以保证在使用期内正常磨合；而使用较久、磨损较大的发动机则应选用黏度较大的机油，以维持所需的机油压力，保证正常润滑。

4. 机油含水量

按规定，机油中允许的含水量应在 0.03%（质量分数）以下。当含水量超过 0.03%（质量分数）时，机油的添加剂（抗氧化剂、清净分散剂等）就会失效，因而加速机油的氧化过程。而机油氧化生成的有机酸和发动机排出废气中的酸性氧化物与水发生反应，又生成无机酸。这些酸性物质又增加了对发动机的腐蚀。机油中含有较多的水时，机油润滑性变差，黏度下降，轻则导致机油过早变质和机件生锈；重则引起发动机抱轴、烧瓦等严重故障。那么机油中含水又能如何鉴别呢？

1）观色法：清洁达标的机油呈半透明状。机油中有水。当发动机运转一段时间后，机油呈乳白色，并伴有泡沫。

2）燃烧法：把铜棒烧热后放入被检查的机油中，若有"噼啦"响声，说明机油中含有较多的水。也可将检查的机油注入试管中加热，当温度接近 80~300℃时，试管中产生"噼啦"声，则证明机油中含有较多的水。

3）放水法：发动机停机后，让发动机静止 30min 左右，松开放油螺塞，如有水放出来，则说明机油中含有较多的水。

5. 发动机机油的真假辨别

1）看包装外观，大品牌的机油油封盖是一次性的盖子，缺口处有封口锡纸，锡纸上均有厂家特殊标记，无这些特点，有可能是假油。

另外，大品牌的机油为了防止被假冒，会在标签贴纸、罐底、罐盖内侧、把手等不显眼处印有特殊标记，如果遇到假冒产品出现，只要对比真假两种外包装就可分辨。

2）观察油品，真油色浅透明、无杂质、无悬浮物、无沉淀物、晃动时流动性较好。假油或油色较深，或有杂质沉淀物，或味浓有刺激性，晃动时流动性较差，或用手摸有拉丝现象。

假冒油品一般有三类：

① 采用回收的废油经处理后灌装上市。

② 采用单纯的基础油混合，不加任何添加剂。

③ 购买低档油进行灌装，以次充好。一般都将假机油的颜色调至与真油相当。

三 发动机机油的更换

发动机机油更换的过程主要包括机油的排放和机油的加注两个方面

（1）机油的排放

更换机油前要对发动机内部的旧机油进行排放，在排放时要尽量将旧机油排放干净，以免新机油加注后混合过多的旧机油，从而影响新机油的质量。机油排放前可以先起动发动机使机油达到正常工作温度后熄火发动机，再进行旧油的排放。这样可以加快旧油的排放速度，可使排放更加彻底。

（2）机油的加注

从发动机加机油口注入车辆制造商规定黏度的高品质发动机专用机油，直至油位达到机油尺上的满油位标记即可停止加注。一般小轿车机油加注量在 3～4L 之间。机油加注完成后要盖上发动机加机油口盖，使发动机怠速空转 3～5min 后停止运转。隔 3min 后拔出机油尺检查机油油位是否处在正常油位位置。最后还需检查发动机油底壳放油螺塞、机油滤清器密封接口处是否有泄漏现象。

1. 机油的排放

准备工具、耗材：工具车、常用拆装工具、机油滤清器扳手、机油回收机、抹布、机油滤清器、机油。

（1）停放车辆

将车辆停放在举升机内合适的位置上，并拉紧驻车制动，将变速杆置于 P 位上，车身左右两边的距离尽量相等，车身前后两边的距离尽量相等，如图 3-116 所示。

注意： 要选用合适的举升机，被举升的车辆重量不能超过举升机的最大举升能力范围。

（2）打开发动机舱盖

1）扳动发动机舱盖锁机释放开关，如图 3-117 所示。

图 3-116 停放车辆

图 3-117 扳动锁机释放开关

2）解开第二级锁钩，将发动机舱盖打开，如图 3-118 所示。

3）使用支撑杆支撑好发动机舱盖，如图 3-119 所示。

图 3-118　打开发动机舱盖

图 3-119　撑好发动机舱盖

（3）举升车辆

将车辆举升至合适高度后锁住举升机保险。将安全支架放入车底，若发动机护板影响后续操作，应先将其拆下。

1）按住举升机举升开关，根据实际需要将举升机平稳举升到所需高度，如图 3-120 所示。

注意：举升车辆时，要排除周围障碍物，并注意举升机平台和周围不能站人，并检查举升机两边是否同步上升。若发现举升机举升平台的两边不同步时，应停止使用举升机，并排除出故障后再使用。

2）举升至合适高度后，松开举升开关，如图 3-121 所示。

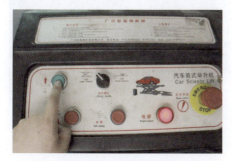

图 3-120　按住举升开关

图 3-121　举升至合适高度

3）按下举升机锁止保险按钮，举升机自动锁止，如图 3-122 所示。

4）为了安全起见，要在车底放置安全支架，如图 3-123 所示。

图 3-122　锁止举升机

图 3-123　放置安全支架

注意：安全支架摆放的位置，其顶部要与车底较为结实的部位对正，一般为车辆前轴中间和后轴中间。

（4）拆卸发动机护板

1）从后方向上可以看见发动机油底壳，如图3-124所示。

2）发动机护板，孔中间的是机油滤清器，如图3-125所示。

图3-124　发动机油底壳

图3-125　机油滤清器

3）选择合适的工具拆卸发动机护板固定螺栓，如图3-126所示。

4）将所有固定螺栓拧下，如图3-127所示。

图3-126　拆卸发动机护板

图3-127　拆卸固定螺栓

5）发动机护板卡扣，如图3-128所示。

6）使用卡扣专用拆卸工具或一字螺钉旋具进行拆卸发动机护板卡扣，如图3-129所示。

图3-128　护板卡扣

图3-129　拆卸卡扣

7）将两侧的卡扣取下，如图3-130所示。

8）卡扣经过长时间的使用后会老化，在取下时极容易损坏，一般都会更换新件（卡扣老化或者破损会影响其固定效果），如图3-131所示。

图3-130 取下卡扣

图3-131 取下的卡扣

9）将发动机护板取下，如图3-132所示。

（5）旧机油排放

先将放油螺栓拧松，再将机油回收机放在车底合适的位置，然后用手拧下放油螺栓，放出旧油。

注意：长时间行驶后的车辆机油温度较高，操作时要小心谨慎，避免烫伤。

1）油底壳底部的放油螺栓，如图3-133所示。

图3-132 取下护板

图3-133 放油螺栓

2）选择合适大小的套筒，如图3-134所示。

3）使用棘轮扳手配合套筒拧松放油螺栓（因为放油螺栓拧紧力矩不大，可用棘轮扳手拧松），但不要拧下来，如图3-135所示。

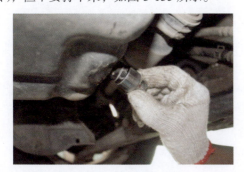

图3-134 选择合适套筒

图3-135 预松放油螺栓

4）将机油回收机放置在合适的位置，如图 3-136 所示。

注意：机油回收机位置必须放好，以免机油洒落到地面上。

5）用手慢慢拧下放油螺栓，如图 3-137 所示。

图 3-136　放置机油回收机

图 3-137　拧下放油螺栓（一）

6）在快要拧下时，稍微对螺栓施加一点轴向力；感觉已拧出时，快速向后取出螺栓，防止机油排出时弄到手上（长时间行驶后的车辆机油温度较高，操作时要小心谨慎，避免烫伤），如图 3-138 所示。

7）放油的持续时间稍微长一点，尽量将旧油放尽，以免新机油加注后混合过多的旧机油，从而影响新机油的质量，如图 3-139 所示。

图 3-138　拧下放油螺栓（二）

图 3-139　放出旧油

（6）更换机油滤清器

更换机油时建议一起更换机油滤清器。在放出旧油的同时拧下旧机油滤清器，将机油滤清器安装底座擦拭干净。在密封圈上涂抹少许机油后即可安装新机油滤清器。注意不要拧得太紧，拧紧力矩一般为 20～25N·m。

1）机油滤清器的安装位置（不同车型的机油滤清器的安装位置也不一样，具体位置需要根据实际情况而定），如图 3-140 所示。

2）使用三爪式机油滤清器扳手拆卸机油滤清器，如图 3-141 所示。

3）将三爪式机油滤清器扳手与长接杆组合，如图 3-142 所示。

4）使用棘轮扳手拆卸机油滤清器，如图 3-143 所示。

图 3-140　机油滤清器

图 3-141　三爪式机油滤清器扳手

图 3-142　与长接杆组合

图 3-143　与棘轮扳手组合

5）将机油滤清器扳手套入机油滤清器，将其拧松即可，如图 3-144 所示。

6）用手慢慢拧下机油滤清器，如图 3-145 所示。

图 3-144　预松机油滤清器

图 3-145　拧下机油滤清器（一）

7）多数机油滤清器在拧松一定程度后，会有机油从边缘渗出，这是正常现象，如图 3-146 所示。

8）待机油渗完后，用手拧下机油滤清器，如图 3-147 所示。

图 3-146　机油从边缘渗出

图 3-147　拧下机油滤清器（二）

9）使用毛巾或纸巾将机油滤清器安装底座表面擦拭干净，如图 3-148 所示。

10）取出新的机油滤清器，去除其密封圈保护膜，如图 3-149 所示。

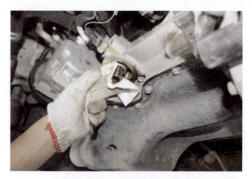

图 3-148　清洁安装底座

图 3-149　新机油滤清器

11）取少量新机油，如图 3-150 所示。

12）安装机油滤清器前要在密封圈表面涂抹少许的机油（使机油滤清器和缸体之间密封得更紧），如图 3-151 所示。

图 3-150　取少量新机油

图 3-151　涂抹机油

13）将机油滤清器与底座安装孔对正后用手拧紧（要是拧的时候很吃力，应拆下来仔细检查，观察螺纹是否有滑扣的地方），如图 3-152 所示。

14）使用机油滤清器扳手对其进行拧紧，如图 3-153 所示。

图 3-152　安装机油滤清器

图 3-153　拧紧机油滤清器

15）机油滤清器的拧紧力矩一般为 20～25N·m，不要拧得太紧，如图 3-154 所示。

（7）安装放油螺栓

旧油放尽后，推出机油回收机。将放油螺栓上的油污和杂物清理干净后拧紧，力矩一般为 25～30N·m。

1）将放油螺栓清洁干净（有些放油螺栓是带磁性的，可以吸附发动机磨损后产生的金属碎屑），如图 3-155 所示。

图 3-154　机油滤清器安装完成

图 3-155　放油螺栓

2）用手拧上放油螺栓，如图 3-156 所示。

3）使用棘轮扳手对螺栓加力（放油螺栓的拧紧力矩一般为 25～30N·m，不要拧得太紧，以免损坏螺栓），如图 3-157 所示。

图 3-156　安装放油螺栓

图 3-157　拧紧放油螺栓

2. 机油的加注

（1）加注新机油

放下车辆至车轮完全接地，拧开机油加注口的盖子，放好漏斗，将新机油缓缓倒入漏斗。机油的规定加注量标记在机油标尺下末端，一般用两个点或刻线来示意。加注时液位下限不能低于最下线或点，液位上限不能高于最上线或点。一般推荐液位加注在两线或点中间偏上位置。车型不同，机油的加注量也不相同，所以加注时要时刻检查，避免加注过多。一般轿车应在加注 3L 机油后停顿约 1min 后检查一次，如果加注量不够应一边慢慢加注一边检查，机油过多时要及时抽出。

1）按下举升机下降按钮，放下举升机，如图 3-158 所示。

注意： 在举升机下降过程中，禁止人员在汽车底部站立或行走，禁止人员在负载以及托举装置的活动范围内。

2）准备加注新机油，如图 3-159 所示。

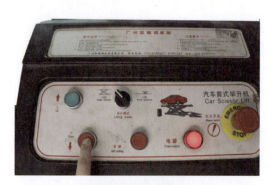

图 3-158　降下车辆

图 3-159　发动机舱

3）机油加注口如图 3-160 所示，拧下机油加注口盖子，如图 3-161 所示。

图 3-160　机油加注口

图 3-161　拧下加注口盖

4）将漏斗放入加注口内，如图 3-162 所示。

5）倒入新机油，如图 3-163 所示。

6）机油油位标尺的位置（不同车型机油油位标尺的位置也不一样，具体位置需要根据实际情况而定），如图 3-164 所示。

图 3-162 放入漏斗

图 3-163 加注机油

7）加注时要注意加注量，不要过多，一般加注约 3L 机油后通过机油标尺检查一下油量，如果加注量不够再逐次少量加注至规定量，如图 3-165 所示。

图 3-164 机油标尺

图 3-165 限位标记（一）

8）机油油位上的限位标记，加注时油位在两点之间（一般推荐液位加注在两线或点中间偏上位置），如图 3-166 所示。

9）加注完成后取出漏斗，取出时用抹布包住漏斗下面，防止机油滴落在发动机上，如图 3-167 所示。

图 3-166 限位标记（二）

图 3-167 取出漏斗

（2）检查发动机运转情况

起动发动机运转 3～5min，同时检查各处是否有漏油现象，特别是放油螺栓与机油滤清器部位。检查后熄火等待约 3～5min，再次检查加注量是否在规定值范围，不够再添加，多了应及时使用机油回收机抽出多余部分机油。

1）加注至规定量后，拧紧加注口盖子，如图 3-168 所示。

2）起动发动机怠速运转，如图 3-169 所示。

图 3-168　拧紧加注口盖

图 3-169　发动机怠速运转

3）将举升机举升至合适高度后锁住保险，检查各处是否有机油泄漏（如放油螺栓，新机油滤清器连接处位置），如有可适当拧紧再运转发动机检查。拧紧后泄漏还存在，则应查明原因并解决，如图 3-170 所示。

4）检查完成后放下举升机，将发动机熄火。等待约 3min 后再次将机油标尺拔出并擦拭干净，如图 3-171 所示。

图 3-170　检查泄漏

图 3-171　取出机油标尺擦拭干净

注意：擦拭油标尺时必须使用干净的毛巾或纸巾进行，防止有异物附着在油标尺上。

5）再插入机油标尺等待 3s 后拔出，如图 3-172 所示。

6）观察油量是否在规定范围内，如图 3-173 所示。

图 3-172　再次拔出机油标尺

图 3-173　观察油量

7）将机油标尺插入，如图 3-174 所示。

8）检查发动机舱内是否有机油滴落，若有，用毛巾将其擦拭干净，如图 3-175 所示。

图 3-174　插入机油标尺

图 3-175　检查发动机舱

（3）安装发动机护板

检查完成后，将车辆举升至合适高度后锁住举升机保险，安装发动机护板，完成后放下车辆，如图 3-176 所示。

（4）填写车辆保养记录卡

1）填写维护保养记录卡（根据记录卡上的项目尽量填写完整），如图 3-177 所示。

图 3-176　安装护板

图 3-177　保养记录卡

2）保养记录卡背面图，如图 3-178 所示。

3）将填写好的记录卡悬挂在方向盘下方组合开关左边的开关杆上，方便下次维护保养前的查看，如图 3-179 所示。

图 3-178　保养记录卡背面

图 3-179　挂好记录卡

四　关于机油的常见误区

误区一：机油变黑了就该换油了

这种理解并不全面。对于没有加清静分散剂的机油来说，颜色变黑的确是油品已严重变质的表现，但现代汽车使用的机油一般都加有清静分散剂。这种清静分散剂将黏附在活塞上的胶膜和黑色积炭洗涤下来，并分散在油中，减少发动机高温沉淀物的生成，故机油使用一段时间后颜色容易变黑，但这时的油品并未完全变质。

误区二：机油能多加就多加

机油量应该控制在机油尺的上、下刻度线之间为好。因为机油过多就会从气缸与活塞的间隙中窜入燃烧室燃烧形成积炭。这些积炭会提高发动机压缩比，增加产生爆燃的倾向；积炭在气缸内呈红热状态还容易引起早燃，如落入气缸会加剧气缸和活塞的磨损，还会加速污染机油。其次，机油过多增加了曲轴连杆的搅拌阻力，使燃油消耗增大。

误区三：添加剂用处大

真正优质的机油是具备多种发动机保护功能的成品，配方中已含有多种添加剂，其中包括抗磨剂，而且机油最讲究配方的均衡以保障各种性能的充分发挥。自行添加其他添加剂不仅不能给车辆带来额外保护，反而易与机油中的化学物质发生反应，造成机油综合性能的下降。

误区四：机油经常添加就不用换

经常检查机油是正确的，但只补充不更换只能弥补机油数量上的不足，却无法完全补偿机油性能的损失。机油在使用过程中，由于污染、氧化等原因质量会逐渐下降，同时还会有一些消耗，使油量减少。

第五节　车轮的拆装检查与换位

车轮与轮胎是汽车的行走部件，轮胎及车轮连接车轴，接触地面，可以绕车轴转动并沿地面滚动。轮胎及车轮将汽车发出的作用力传给地面，同时将地面的反作用力传回汽车。车轮与轮胎支承整车的重量；缓和由路面传来的冲击力，改善承载条件；传递驱动力、制动力和转向力；减小行驶阻力和能量的消耗，提高运输效率；负责超越障碍物，提升汽车通过性等。车轮及轮胎与汽车多种性能密切相关。整车动力性、经济性、平顺性、通过性、制动性及操纵稳定性等，可通过轮胎及车轮的特性配合实现匹配和优化。车辆的安全性和可靠性在很大程度上取决于所用轮胎和车轮的制造质量和使用寿命。

一　车轮哪些因素对汽车有不良影响

用户在出行前往往仅对发动机、制动、转向、灯光等进行检查及保养，却忽视了对轮胎的检查、维护，这样做给行车安全埋下了一定的隐患。

1）胎压过高：各汽车制造厂对轮胎气压都有特别的规定，要遵循标示，千万不可超出最高值。气压过高则使车身重量集中在胎面中心上，导致胎面中心快速磨耗。受外力冲击时，容易产生外伤甚至爆破胎面；张力过大，造成胎面脱层及胎面沟底龟裂；轮胎抓地力减小，制动性能降低；车辆跳动，舒适性降低，车辆悬架系统容易损坏。

2）胎压不足：轮胎气压不足会导致轮胎过热。低压使轮胎的接地面积不均匀，胎面或帘布层脱层、胎面沟槽及胎肩龟裂，帘线断裂，胎肩部位快速磨耗，缩短轮胎的使用寿命；增大胎唇与轮辋之间的异常摩擦，引起胎唇损伤，或者轮胎与轮辋脱离，甚至爆胎；同时会增加滚动阻力、加大油耗，而且影响车辆的操控，严重时甚至引发交通事故。

3）把备胎当成正常胎使用：车辆在使用过程中，假如跑了80000～100000km以后，用户会把备胎当成好的轮胎使用，把原来轮胎当成备胎使用，这样是绝对不可取的。因为使用时间不一样，轮胎老化程度也不一样，所以非常不安全。车胎坏在路上了，车主们一般都会换上备胎，有的车主就不记得还要把备胎换下来了，忘了备胎只是"有备万一的轮胎"。

4）左右轮胎气压不一致：当一侧轮胎压力过低时，行车、制动过程中车辆就会向这一侧跑偏。同时也要注意，同一车轴上的两条轮胎应是花纹规格完全相同的，不同厂家、不同花纹的轮胎不可同时用于两前轮，否则也会出现跑偏现象。

5）轮胎超负荷工作：轮胎的结构、强度，以及使用气压和行驶速度是经过厂家严格计算确定的，不遵守标准而超载使用轮胎会影响其使用寿命。根据有关部门的实验证明：超负荷10%时轮胎寿命降低20%；超负荷30%时轮胎滚动阻力将增加45%～60%，同时燃油消耗也会增加。同时，超载本身就是交通法所严格禁止的。

6）不及时清除轮胎异物：汽车在行驶过程中，行驶路面千差万别，胎纹中不可避免地会夹杂碎石子、钉子、铁屑、玻璃碎片等异物，如不及时清除，时间长了，其中有一部分会自己脱落，但有相当一部分会越来越"顽固"，卡在花纹中越陷越深，当轮胎磨损到一定程度后，这些异物甚至会刺破胎体，导致轮胎漏气甚至爆胎。

7）备胎不用就不管不顾：备胎一般都放在行李箱里，行李箱内又常常存放机油等油品。轮胎的主要成分是橡胶，而橡胶最怕的就是各种油品的侵蚀，轮胎沾到油后，很快就会发生胀蚀，这会大大降低轮胎的使用寿命。因此，尽量不要把油品和备胎放在一起。如果备胎已经沾到油，要及时用中性的洗涤剂把油污冲洗掉。每次检查胎压时，不要忘了检查备胎。且备胎的气压要充得相对高一些，以免日久气压不足。

二 车轮拆装检查与换位的过程

车轮的拆装检查与换位的过程主要包括：车轮拆卸、车轮检查、车轮换位、车轮安装。

1. 车轮拆卸

要求对每个车轮进行预松，举升车辆，用棘轮扳手对轮胎螺母进行拆卸，取出螺母，取下四个轮胎。

2. 车轮检查

对每个车轮进行检查，如果有损伤则需要更换新的轮胎。检查轮胎是否有老化、鼓包，检查轮胎花纹深度，是否有刮痕等。

3. 车轮换位

根据车辆的驱动形式不同，轮胎的换位方式也各不相同。前轮驱动车辆：将左后调至右前、右后调至左前；左前调至左后、右前调至右后。后轮驱动车辆：将左前调至右后、右前调至左后；左后调至左前、右后调至右前。四轮驱动车辆：前后左右轮全部交叉对调，即左前调至右后、右前调至左后、左后调至右前、右后调至左前。

子午线轮胎的换位。子午线轮胎应保持在车辆的同一侧使用，即保持相同的旋转方向。子午线轮胎的合理旋转方向是固定的，如果旋转方向弄反了，会使车辆失去操纵稳定性，使汽车行驶不顺并产生振动。

三 车轮拆装检查与换位操作

1. 拆卸车轮

准备工具：常用拆装套装、扭力扳手

（1）停放车辆

1）将车辆停放在举升机内合适的位置，如图3-180所示。

2）注意两侧的距离尽量一致。否则容易影响举升机举升车辆，使举升机托盘放置比较困难，如图3-181所示。

图3-180 停放车辆

图3-181 两侧距离

3）熄火后拉紧驻车制动器，如图3-182所示。

（2）拆卸车轮

1）选用与轮胎螺母尺寸相符的套筒，如图3-183所示。

2）将套筒套放在螺母上转动，感觉旷量适当（若旷量过大应重新选择套筒），否则会损伤螺母，如图3-184所示。

3）将套筒与扭力扳手、短接杆组合，如图3-185所示。

图 3-182　拉紧驻车制动器

图 3-183　选择合适套筒

图 3-184　感觉套筒旷量

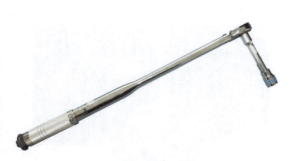

图 3-185　组合工具

4）调整扭力扳手上的棘轮转换开关（左边为松、右边为紧），如图 3-186 所示。

5）对所有车轮的螺母进行预松。预松时套筒放入要到位，一只手握住扭力扳手的手柄向上提拉，另一只手应按住扭力扳手头部，稍微下压，让套筒中心和螺母的中心保持在一条线上，防止松脱和损坏螺栓，如图 3-187 所示。

图 3-186　调整棘轮转换开关

图 3-187　预松车轮（一）

6）用同样的方法对其他螺母进行预松，如图 3-188 所示。

7）预松时扭力扳手转动的角度尽量不要超过 90°，拧松过多时，在车辆的重力作用下可能会损坏螺栓，如图 3-189 所示。

图 3-188 预松车轮（二）

图 3-189 预松车轮（三）

8）扭力扳手转动不超过 90°，如图 3-190 所示。

9）预松完成后将车辆举升至合适高度，如图 3-191 所示。

图 3-190 扭力扳手转动不超过 90°

图 3-191 举升车辆

10）拆卸车轮棘轮扳手套筒组合，如图 3-192 所示。

11）用棘轮扳手拧松螺母，如图 3-193 所示。

图 3-192 组合工具

图 3-193 拧松螺母

12）取下螺母，如图 3-194 所示。

13）取下所有螺母，如图 3-195 所示。

14）轮胎螺栓的紧固螺母，放置在好寻找的位置，以免弄丢，如图 3-196 所示。

15）将车轮向外扳动，同时要向上用力抬起车轮，如图 3-197 所示。

图 3-194　取下螺母

图 3-195　取下所有螺母

图 3-196　紧固螺母

图 3-197　向外扳动车轮

16）拆下车轮，如图 3-198 所示。

17）将车轮放置在合适位置，放置时气门嘴朝上，如图 3-199 所示。

图 3-198　拆下车轮

图 3-199　拆卸完成

18）用同样的方法拆下所有车轮，如图 3-200 所示。

2. 检查车轮

准备工具：一字旋具，游标卡尺，气压表

1）对各车轮和轮胎进行全面检查，如图 3-201 所示。

2）目视检查钢圈内侧是否有明显损伤，如图 3-202 所示。

3）目视检查钢圈外侧是否有明显损伤，如图 3-203 所示。

图 3-200　拆下所有车轮

图 3-201　检查车轮

图 3-202　检查钢圈内侧

图 3-203　检查钢圈外侧

4）检查轮胎胎面是否有异常磨损，如图 3-204 所示。

5）检查轮胎侧面是否有明显损伤，如刮痕、鼓包等。如果有则需要更换新胎，然后进行轮胎换位，如图 3-205 所示。

图 3-204　检查轮胎胎面

图 3-205　检查轮胎侧面

6）清理轮胎花纹沟槽中的石子等异物，如果发现有钉子扎在轮胎上，必须拔出并进行修补。轮胎磨损严重的话需要更换轮胎，如图 3-206 所示。

7）观察胎面是否与沟槽中的磨损指示条平齐，如图 3-207 所示。

图 3-206　清理花纹槽内异物

图 3-207　检查磨损指示条

8）用游标卡尺测量轮胎花纹的深度，如果已经达到磨损极限数值，则需要更换轮胎，如图 3-208 所示。

9）注意要多测量几个部位，如图 3-209 所示。

10）测得的多个结果当中，取最小值作为测量结果，只要有一个部位达到了磨损极限数值，都需要进行更换，如图 3-210 所示。

图 3-208　测量花纹槽深度（一）

图 3-209　测量花纹槽深度（二）

11）拧下气门嘴防尘帽，如图 3-211 所示。

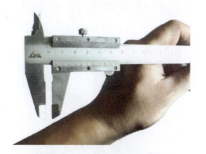
图 3-210　读取数值

图 3-211　拧下防尘帽

12）轮胎气压表充气头，如图 3-212 所示。

13）将充气头卡住气门嘴，必要时用手按压固定，如图 3-213 所示。

图 3-212　气压表充气头

图 3-213　充气头卡住气门嘴

14）将轮胎气压充至规定值，否则会影响汽车行驶安全性，如图 3-214 所示。

3. 对车轮进行换位作业

一般采用平行换位法或平行交叉换位法对所有车轮进行换位，在实际维修中也有采用交叉换位法的。

1）平行换位法：车辆一侧的车轮前后对调，如图3-215所示。

图3-214 轮胎气压充至规定值

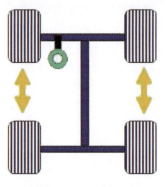

图3-215 平行换位法

2）平行交叉换位法：两前轮交叉换至后轴。两后轮平行换至前轴。即左前轮换至右后轮，右前轮换至左后轮，右后轮换至右前轮，左后轮换至左前轮，如图3-216所示。

3）交叉换位法：左前轮与右后轮对调，右前轮与左后轮对调，如图3-217所示。

注意：对于有轮胎压力监测的车型，换位时要注意其顺序，必要时要用专用仪器进行调整。

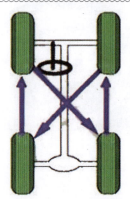

图3-216 平行交叉换位法

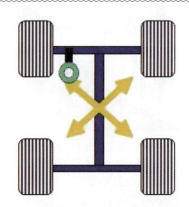

图3-217 交叉换位法

4. 安装车轮

1）安装车轮，双手托住车轮向上装到车轮转轴上。安装好车轮后，用手将车轮螺栓拧上，然后对螺栓进行预紧，预紧后要检查车轮是否安装到位，上下扳动时应没有旷量，如图3-218所示。

2）对正螺栓孔后，将车轮抬起装到车轮转轴上，如图3-219所示。

3）先用手将螺母拧上，不能一开始就用棘轮扳手进行扭紧，因为棘轮扳手力比较大，微小的阻力会感觉不出来，容易损坏螺栓，如图3-220所示。

4）用棘轮扳手对螺母进行预紧，如图3-221所示。

5）上下扳动车轮，应感觉没有旷量。若有旷量说明车轮还未安装到位，需要调整，如图3-222所示。

6）将车辆放下，按住举升按钮约2s，让举升机上升一个小的行程，如图3-223所示。

图 3-218　安装车轮（一）

图 3-219　安装车轮（二）

图 3-220　用手安装螺母

图 3-221　预紧螺母

图 3-222　检查车轮安装情况

图 3-223　举升机上升

7）拉动举升机锁止保险拉索，解开保险，如图 3-224 所示。

8）按下下降手柄使车辆完全下降，如图 3-225 所示。

图 3-224　解除保险

图 3-225　放下车辆

9）拧松预置式扭力扳手手柄末端的锁紧旋钮，如图3-226所示。

10）通过旋转手柄调节扭力至需要值，如图3-227所示。

　　图 3-226　拧松锁紧旋钮　　　　　　　图 3-227　旋转手柄调节扭力

11）此处调节扭力值为 105N·m，如图 3-228 所示。

12）调节好力矩后，拧紧预置式扭力扳手手柄末端的锁紧旋钮，如图 3-229 所示。

　　图 3-228　调节扭力值　　　　　　　　图 3-229　拧紧锁紧旋钮

13）对所有轮胎螺栓按对角顺序进行拧紧，拧紧过程中，当听到扭力扳手发出"咯嗒"的声音，且扭力杆上有轻微振动时，说明力矩已达到设定值，如图 3-230 所示。

14）将举升臂移出，如图 3-231 所示。

　　图 3-230　拧紧螺母　　　　　　　　　图 3-231　移出举升臂

15）将所有举升臂转出，操作完成，如图 3-232 所示。

四　影响轮胎寿命的因素

轮胎常在复杂和苛刻的环境下使用，它在行驶时承受着各种变形、负荷力以及高低温作用，因此必须具有较高的承载性能、牵引性能、缓冲性能。

当轮胎出现漏气、异常磨损、磨损超过极限现象或车轮出现损坏等情况时，我们就要对它进行拆卸和检查作业。为什么要对车轮进行换位？一般轿车的前轮承载比后轮要重，加上前轮是转向轮，所以前轮的磨损要比后轮大，为了使各轮胎的磨损均匀、延长其使用寿命，需要定期对前后车轮进行换位操作。根据驾驶员不同的驾驶习惯和常用驾驶路线，应参照汽车自带的保养手册定期进行轮胎换位。轮胎换位间隔一般新车为10000km，以后每行驶5000～10000km进行一次轮胎换位。

图 3-232　移出所有举升臂

1）轮胎的选配和安装：轮胎安装的正确与否直接关系到轮胎的使用寿命，尤其是在更换新轮胎的时候。类型和花纹不同的轮胎，由于各轮胎的实际尺寸和负荷能力不同，绝对不可以任意混装。

2）工作气压：轮胎气压过低或过高，都会影响轮胎的使用寿命。

3）轮胎负荷：车辆的负荷越大，则轮胎的寿命越短。

4）行驶速度：正规轮胎厂家生产的轮胎都标有速度级别指数。轮胎应在指定的速度级别指数所对应的最高行驶速度内使用。

5）轮胎温度：车辆在行驶过程中，轮胎由于受到伸张、压缩和摩擦，引起胎温升高。过高的温度容易加剧轮胎磨损甚至发生爆胎。

6）底盘状况：前、后车轴的平行度、四轮定位、制动装置工作状况，以及底盘其他机件技术状况，都会不同程度地影响到轮胎的寿命。

7）道路条件：如果车辆长时间在砂石路面或者恶劣的路况下行驶，轮胎使用寿命肯定会降低。

8）驾驶习惯：起步过猛、骤然转向、紧急制动、在路况不好的地段高速行驶、经常上下路缘石和停车时轮胎刮蹭障碍物等，都会导致轮胎的严重磨损，进而降低轮胎的使用寿命。

9）轮胎维护：轮胎应适时换位、选用合适的胎纹、日常勤维护、定期检查胎压、及时修补并且勤挖胎纹中的石子、异物等，都是延长轮胎寿命的重要方法。

10）车辆维护：要定期对车轮进行维护，如进行四轮定位，对转向节、车轮轴承及悬架系统进行定期检查维护。

第六节　认识与更换发动机冷却液

冷却液全称为防冻冷却液，意为有防冻功能的冷却液。冷却液是发动机冷却系统的冷却介质，是汽车发动机不可缺少的工作材料，大多数冷却液的颜色为红色或绿色，以帮助观察是否存在泄漏，或与发动机其他液体相区别，避免混淆。它在发动机冷却系统中循环流动，将发动机工作中产生的多余热能带走，使发动机能以正常工作温度运转。当冷却液不足时，发动机会出现冷却液温度过高的情况，从而导致发动机机件的损坏。所以，一旦车主发现冷却液不足，应该及时添加。冷却液还可以防止寒冷季节停车时结冰而胀裂散热器和发动机气缸体。

一、冷却液的功能

冷却液具有冬季防冻、防腐蚀、防水垢、防开锅等功能。在冷却液未发明之前，发动机冷却系统内加注的冷却介质一般是水。发动机在工作时会产生大量的热，经常使水沸腾，发生"开锅"现象。而在寒冷的冬季，当环境温度低于零度时，水会结冰发生膨胀导致机件损坏，同时水还会使水道生锈生成水垢，影响散热效果。而冷却液的出现则解决了这些问题。

1. 冬季防冻

冷却液的冰点因为添加剂的作用，因此比水要低。为了防止汽车在冬季停车后，冷却液结冰而造成散热器、发动机缸体胀裂，冷却液的冰点应低于该地区最低温度10℃左右，以备天气突变。

2. 防腐蚀

冷却系统中散热器、水泵、缸体及缸盖等部件是由钢、铸铁、黄铜、纯铜、铝等金属材料制成的，由于不同的金属的电极电位不同，在电解质的作用下容易发生电化学腐蚀。同时，冷却液中的二元醇类物质分解后形成的酸性产物，燃料燃烧后的酸性废气也可能渗透到冷却系统中，促进冷却系统腐蚀。冷却系统腐蚀会使散热器的下水室、喷油器隔套、冷却液管道、接头以及散热器排水管发生故障，同时腐蚀产物会堵塞管道，引起发动机过热甚至瘫痪。若腐蚀穿孔，冷却液渗入燃烧室或曲轴箱会产生更严重的破坏，因为当冷却液或水与机油混合时，会产生油污和胶质，削弱机油润滑功能，使得阀、液压阀推杆和活塞环黏结。因而，冷却液中都加入一定量的防腐蚀添加剂，防止冷却系统产生腐蚀。

3. 防水垢

冷却液在循环中应尽可能少地减少水垢的产生，以免堵塞循环管道，影响冷却系统的散热功能。因此，在选用、添加冷却液时，应该慎重。应根据具体情况去选择合适配比的冷却液。

4. 防"开锅"

防"开锅"体现的是冷却液散热效果，符合国家标准的冷却液，沸点通常都超过110℃，比起水的沸点100℃要高，因此冷却液能耐受更高的温度而不沸腾（开锅），在一定程度上满足了发动机高负荷运转的散热冷却需要。

二、冷却液的种类

1. 按防冻剂成分分类

冷却液（也称冷却防冻液）由水、防冻剂、添加剂三部分组成，按防冻剂成分不同可分为乙醇型、甘油型、乙二醇型等类型冷却液。

（1）乙醇型冷却液

乙醇型冷却液是用乙醇作为防冻剂，价格便宜，流动性好，配制工艺简单，但沸点较低、易挥发损失、冰点易升高、易燃等,虽然乙醇型冷却液抗冻能力较好,但已不能满足现代汽车发动机对冷却液的性能要求,现已逐渐被淘汰。

(2)甘油型冷却液

甘油即丙三醇,甘油型冷却液是由丙三醇与软水按不同比例,并添加少量抗泡沫、防腐蚀等综合添加剂配制而成的。甘油型冷却液沸点高、挥发性小、不易着火、无毒、腐蚀性小,但由于丙三醇具有很强的吸湿性,降低冰点效果不佳,且成本高、价格昂贵,用户难以接受,只有少数北欧国家仍在使用。

(3)乙二醇冷却液

乙二醇易溶于水,可以任意配成各种冰点的冷却液,其最低冰点可达 -68℃,这种冷却液具有沸点高、泡沫倾向低、黏温性能好、防腐和防垢等特点,是一种较为理想的冷却液,目前国内外发动机所使用的和市场上所出售的冷却液几乎都是乙二醇型冷却液。它的沸点比水高(约120℃),冰点比水低(一般约 -25℃),在发动机冷却系统内循环,可起到防冻、防沸、防锈、防水垢、防腐蚀等效果。大多数防冻液的颜色为红色或绿色,方便观察是否泄漏,也与发动机其他液体相区别,避免混淆。乙二醇冷却液具有以下特点。

1)较低的冰点:汽车在严寒地区野外停放时,夜间地表温度有时会降到零下40℃以下,要保证散热器及冷却系统管路不被冻裂,冷却液应在此温度下不结冰,以免发生体积膨胀、胀裂管路。

2)较高的沸点:为提高汽车发动机热效率,现代汽车发动机的工作温度已接近或超过100℃。为有效地防止发动机的"开锅"现象,冷却液应具有较高的沸点。

3)良好的热传导性:冷却液主要用作冷却发动机部件,以免发生过热,因此比热容要大、热传导性要好。

4)无腐蚀性:发动机冷却系统的材料有铸铁、铸铝、纯铜、黄铜和钢等,因此要求冷却液不会对这些金属产生腐蚀和锈蚀。

2. 按是否含水分类

(1)含水冷却液

含水冷却液成分是乙二醇+水,特点是带有明显的色彩,原因是使用含水冷却液车辆易渗漏,为了在汽车冷却液渗漏时能及时发现,故添加了颜色。

(2)无水冷却液

无水冷却液或者是非水冷却液共同的特点都是采用丙二醇为冷却液的主体,丙二醇对人及环境无污染及毒性,所以公认是未来的新一代冷却液,也就是第三代冷却液。第一代是水,第二代是以防冻为目的的乙二醇冷却液,第三代是不含水,以丙二醇为主要成分的无水冷却液或非水冷却液。

非水冷却液有着显著的特点:产品的抗氧化性、流通性、导热性能,以及适用主体都得到了很大提升。

三 冷却液的更换

冷却液的更换包括排出冷却系统内旧冷却液、清洗冷却系统、加注新冷却液、检查冷却系统工作情况等几步。

1. 排出旧冷却液

准备设备、工具及用品：举升机、水盆、钢丝钳、毛巾、吹尘枪

1）首先将车辆停放在举升机上的合适位置，注意前后及两边的距离要合适。关闭发动机，拉紧驻车制动，如图 3-233 所示。

2）扳动方向盘左下方的发动机舱盖锁机释放开关，解开第一级锁钩，发动机舱盖向上小幅度弹开。汽车的发动机舱盖锁是双重锁，当扳动方向盘下方的释放开关时，发动机舱盖锁处于半开状态，还需解开第二级锁钩，如图 3-234 所示。

图 3-233　停放车辆

图 3-234　扳动锁机释放开关

3）将手指伸进发动机舱盖，一只手向上扳动解开第二级锁钩，另一只手抬起发动机舱盖。第二级锁钩的打开方法会因为车型的不同而不同，大部分的是向上扳动，也有向左或向右的，还有向里面推的，如图 3-235、图 3-236 所示。

图 3-235　第二级锁钩

图 3-236　扳动第二级锁钩

4）将发动机舱盖抬起到合适高度，用支撑杆固定好发动机舱盖，防止发动机舱盖落下伤人。有的车型发动机舱盖是自动伸缩杆，当抬起到一定高度时会自动支撑住，如图 3-237、图 3-238 所示。

5）在发动机舱内找到膨胀水箱的位置。发动机冷却系统有两个加注口，一个在散热器上部，另外一个在膨胀水箱上，但现代大多数车辆都取消了散热器上的加注口，如图 3-239 所示。

6）用手拧松膨胀水箱加注口盖。注意，如果发动机刚熄火时不能急着打开加注口盖，以免高温、高压的冷却液喷出导致烫伤，尽量在冷却液常温时进行。或者用湿抹布盖住再拧开，如图 3-240 所示。

图 3-237　打开发动机舱盖

图 3-238　撑好发动机舱盖

图 3-239　膨胀水箱的位置

图 3-240　拧松膨胀水箱加注口盖

7）按住举升机举升开关，将车辆举升至合适高度。然后按下举升机锁止保险按钮，举升机自动锁止，如图 3-241、图 3-242 所示。

图 3-241　举升开关

图 3-242　锁止保险按钮

8）在散热器下部找到放水螺母。有的车型没有放水螺母，可以拆下散热器回水管放出冷却液。如图 3-243 所示。

9）确定水盆放置位置。将波箱顶放在散热器下方，将水盆放置在波箱顶上，由于冷却液排放时会因压力向放水口后方喷射，所以水盆的位置要向冷却液喷出的方向移动一些距离，如图 3-244 所示。

图 3-243　放水螺母位置

10）用手拧下放水螺塞。若用手拧不动，可用钳子将放水螺塞拧松再用手拧开，如图3-245、图3-246所示。

图3-244　放置水盆

图3-245　拧下放水螺塞

11）放出冷却液，然后等待冷却液全部排放干净，如图3-247所示。

图3-246　拧下放水螺塞

图3-247　放出冷却液

12）检查放水螺塞。放水螺塞为塑料材质，上面有橡胶密封圈，要检查放水螺塞及橡胶密封圈有无破损，如果有破损应更换新件，否则会使冷却液泄漏，如果冷却液泄漏会使发动机散热不良，如图3-248所示。

13）冷却液排放完全后，拧上放水螺塞，如图3-249所示。

图3-248　检查放水螺塞

图3-249　拧上放水螺塞

14）使用吹尘枪和抹布把出水口附近滴落的残液擦干、吹净，如图3-250所示。

2. 清洗冷却系统

准备耗材：冷却系统清洗液

冷却液排出之后，冷却系统内部还有残留的冷却液及水垢杂质等，最好将冷却系统清洗干净后再加注新冷却液，这样可以防止残余水垢堵塞管路，防止残余水垢降低新冷却液的质量，使新冷却液更耐用。

1）降下举升机到合适位置，然后拧下膨胀水箱加注口盖。向膨胀水箱加注适量的制冷系统清洗剂，然后加满清水，拧上膨胀水箱加注口盖，如图3-251、图3-252所示。

图 3-250　清洁残液

图 3-251　拧下膨胀水箱加注口盖

2）起动发动机，怠速运转至正常温度，然后再运转发动机10min，使清洗液在发动机冷却系统内进行循环，将水垢杂质清洗干净，如图3-253所示。

图 3-252　制冷系统清洗液

图 3-253　起动发动机

3）10min后关闭发动机，待发动机冷却后，拧松膨胀水箱加注口盖。将车辆举升至合适高度，锁好保险。将水盆放置在波箱顶上调整到合适位置，拧下散热器放水螺塞，使冷却系统清洗液放出，放完之后拧紧放水螺塞，再用吹尘枪和抹布把出水口附近滴落的残液擦干、吹净，如图3-254、图3-255所示。

图 3-254　放置水盆

图 3-255　拧下放水螺塞

3. 加注新冷却液

准备耗材：新冷却液

1) 降下举升机，放下车辆，拧开膨胀水箱加注口盖，如图 3-256、图 3-257 所示。

图 3-256　放下车辆

图 3-257　拧开加注口盖

2) 向膨胀水箱加注冷却液。注意：加注时一定要对准，手要稳，不能使冷却液洒在发动机舱其他部件上，如图 3-258 所示。

3) 冷却液要加注到标准液位范围，即"MIN"至"MAX"之间，不可超过最高刻度线，也不能少于最低刻度线，如图 3-259 所示。

图 3-258　加注冷却液

图 3-259　加注至标准液位范围

4. 检查冷却系统工作情况

1) 加注完成后，拧紧膨胀水箱盖。注意：拧紧前要检查加注口盖是否完好。膨胀水箱盖内一般会有泄压阀和真空阀。泄压阀在冷却系统压力过高时打开泄压，真空阀在系统压力过低时打开，保持压力平衡，如图 3-260 所示。

2) 起动发动机，尽快升温至正常工作温度，如图 3-261 所示。

3) 起动发动机后检查散热器下水管的温度，应该会很快上升。还要检查水管接头等处是否有泄漏，如图 3-262 所示。

4) 上水管的温度增加会慢一些。升温至散热风扇转动，当散热风扇开始转动时，说明发动

图 3-260　检查加注口盖

机冷却系统的节温器已开启,整个系统开始大循环,如图3-263、图3-264所示。

图3-261 起动发动机

图3-262 检查工作情况(一)

图3-263 检查工作情况(二)

图3-264 检查工作情况(三)

5)关闭发动机,观察冷却液液位是否下降,如果有下降则加至标准液位范围,如图3-265所示。

6)放下发动机舱盖,外出进行路试,观察冷却液温度是否有过高现象,如图3-266所示。

图3-265 观察冷却液液位

图3-266 放下发动机舱盖

四 相关知识拓展

1. 日常使用中对于冷却液要注意什么?

1)注意不要混加冷却液:汽车冷却液的种类不同,性能也不同,车主在添加汽车冷却液时需要注意,不能将不同性能的冷却液混合使用,否则很容易会出现化学反应,影响冷却液的正常使用效果，严重时会产生沉淀，堵塞冷却系统。

2）更换冷却液时对冷却系统进行内部清洗：更换汽车冷却液时，需要对发动机的冷却系统进行清洗，避免有水垢未清洗干净，冷却液中有除水垢的成分，如果不能及时地将水垢清洗干净，添加冷却液时会影响冷却液的性能，可能会堵塞管道。

3）注意冷却液里面不要加水：冷却液中加了水之后就会出现冷却液冰点上升的现象，不能很好降温，而且添加的自来水中含有水垢和其他杂质，长期使用不仅会产生沉淀，还会影响汽车冷却系统的性能。

4）定期检查冷却液的液面高度：日常检查时，需要对汽车的冷却液进行检查，如果发现冷却液出现异常需要及时处理。正常的液面高度应在 MAX 和 MIN 刻度线之间，低于 MIN 刻度线时应及时补充同一品牌型号的冷却液。

5）人体不要接触冷却液：冷却液及其添加剂均为有毒物质，请勿接触，必须置于安全场所。放出的冷却液不宜再使用，应严格按有关法规处理废弃的冷却液，否则易引起污染。

6）定期更换：根据行驶里程或时间长短来更换发动机的冷却液，因为难以通过目视来判断它的变质程度。如果冷却液外观没有变化，但其内在防锈品质降低，散热器、管路、软管等可能会损坏。

2. 可不可以不使用冷却液？

夏天对于不少车主来说是一件很烦的事情，尤其是一些车龄较长的车，很容易出现"开锅"的现象，所以就有不少人问到这样一个问题，就是汽车冷却液变少了，能不能用水去代替呢？

对于传统发动机，能够保证发动机正常工作的冷却液温度值为 80～90℃，但对于电控发动机，由于其高转速、高压缩比和高功率的工作特点，其机械负荷及热负荷较大，因而对冷却液正常工作温度的要求已提高到 95～105℃。这与人们形成的传统发动机冷却液"正常水温"的观点不同，需要人们转变认识观念。而且要注意冷却液使用的连续性，那种只想在冬季使用的观点是错误的，只知道冷却液的防冻功能，而忽视了冷却液的防腐、防沸、防垢等作用。冷却液少了该怎么办呢？其实很简单，一般自己也是可以添加的，只要冷却液型号对就可以，当然也可以直接去 4S 店添加。但如果车上只有水，那么这个时候水可以代替冷却液添加进去吗？水确实是可以添加到散热器里面的，但是一定要有一个量，因为这个只是应急用的，所以建议把车开到最近的维修店，然后把加了水的冷却液给换掉，原因就是冷却液具有防低温、防腐蚀的功能，而添加的水里面是含有很多杂质的，这样就会造成散热器里面水道堵塞，哪怕你只加了半瓶矿泉水也一样是要换掉的。

3. 冷却液为什么会变少，变少了怎么办呢？

一般来说，冷却液是在一个较为封闭的工作环境中，当然它也有一个泄压口，而这个泄压口的作用就是当冷却液加多了，然后在散热器里面循环不过来就会通过泄压口直接把多余的冷却液排出去，因此冷却液也不能加注过量。不管怎么说，除了这个泄压阀这一块，剩下的就是密闭的了，所以说这个冷却液短时间内下降很多，显然是不可能的。如果真的在短时间冷却液下降比较多的话，那么很可能是散热器、水管以及接头等处出现了渗漏或者破损的情况，出现此种情况，应及时进行检修。

4. 不同配方体系冷却液的特点。

汽车发动机冷却液主要由水、乙二醇和添加剂组成，而添加剂以腐蚀抑制剂为主。添加剂的主要作用是防腐，同时兼有防垢和抗泡沫作用。目前，汽车发动机冷却液的基础液主要是乙二醇，不同冷却液配方的差异在于采用了不同的腐蚀抑制体系。在水和乙二醇作为基液的前提条件下，冷却液配方研究的关键技术是腐蚀抑制剂的选择与复配。通常根据腐蚀抑制剂的组成，将冷却液分为无机盐型和有机酸型，其中，无机盐型又分磷酸盐型、胺型、硅酸盐型。

（1）磷酸盐型

无机磷酸盐型缓蚀体系以磷酸盐和硼砂为主剂，不含硅酸盐。该体系对冷却系统中钢、铸铁有较好的保护作用，对铝也有一定保护作用，适合以钢、铸铁为主要材质的发动机冷却系统。但研究发现，磷酸盐在高温条件下对铝的保护作用会减弱，硼砂还将促进铝合金传热腐蚀。因此，该体系不适合以铸铝合金为主要材质的发动机冷却系统。再者，磷酸盐会与硬水中的钙、镁离子结合形成絮状物沉淀，阻塞散热器管，造成冷却液流动不畅，产生过热现象。而且当水中磷酸根浓度超过 10mg/kg 时，即可产生富营养化，加重水质污染，不利于环保。因此，20 世纪 70 年代后，发达国家对磷酸盐的使用加以严格限制，以磷酸盐为主剂的缓蚀体系逐渐被淘汰。

（2）胺型

胺型腐蚀抑制体系主要由磷酸、三乙醇胺组成。该体系对铝的保护有利，曾在针对飞机发动机铝合金冷却系统的冷却液中使用。好的胺型体系可以满足 SH 0521 标准规定要求。胺型冷却液的不足之处有两点：

1）胺与亚硝酸钠同时存在会产生致癌物质—亚硝酸胺，因此，配方中不能含亚硝酸钠，而且胺型冷却液也不能与含亚硝酸钠的其他类型冷却液混用。

2）当体系中的铜缓蚀剂作用减弱时，胺会与铜反应生成络合物，从而加剧铜腐蚀。由于存在以上不足，该体系一般不使用。

（3）硅酸盐型

硅酸盐是铝的特效缓蚀剂，对冷却系统中的多种金属都具有保护作用。随着汽车工业的发展，汽车发动机的结构和材质发生了显著变化。冷却系统广泛使用铸铝合金材料，增强冷却液对铸铝合金的保护作用尤其重要。随着硅酸盐在冷却液中应用增多，硅酸盐型冷却液获得较快发展。常用的硅酸盐冷却液配方有硅—磷混合型和低硅酸盐半有机型。前者是单纯的无机盐配方，使用寿命短，而且还存在磷酸盐型配方的缺陷，抗硬水性差，其应用逐渐受到限制。后者以有机酸缓蚀剂为主剂，含一定量的硅酸盐，通过加入硅酸盐稳定剂解决硅酸盐的析出问题。体系中不含磷酸盐、亚硝酸盐、胺盐等，满足许多冷却液规范对化学成分的限制性要求，符合冷却液向节能和环保方向发展的大趋势，体系的防腐性能优异，使用寿命显著延长，获得了较为广泛的应用。

（4）有机酸型

有机酸配方有的只使用有机酸缓蚀剂和铜特效缓蚀剂，有的以有机酸缓蚀剂为主，含少量无机缓蚀剂。有机酸缓蚀剂主要指含 4 个碳原子以上的一元酸和 6 个碳原子以上的二元酸及相应的盐，对冷却系统中的钢铁及铝等多种金属都有保护作用，而且在使用中消耗缓慢，用于轻负荷发动机冷却液，可以显著延长冷却液的使用寿命。用于重负荷发动机冷却液，则可以免除添加延效剂的麻烦，因而同时受到轻负荷和重负荷发动机的青睐，是近年来应用较多的一类缓

蚀剂。有机酸型冷却液的主要技术难点是选择合适的抗泡剂以及解决玻璃器皿腐蚀、传热腐蚀和铝片腐蚀问题。经过多方面试验研究，目前在这方面取得了较大进展。

五、冷却液的更换周期及如何选购冷却液

1. 冷却液的更换周期

冷却液的防腐和防冻性能随着时间的流逝而降低。因为各类冷却液的成分不一样，所以更换周期也不一样，一般冷却液每两年或行驶40000km更换一次，有些则可以每十年或行驶200000km再更换，部分无水冷却液可以做到终身不换，但成本较高。在维护保养中，应参考生产厂家给出的规定周期或结合自身的实际情况进行更换。因为多走一两万千米或者使用周期延长多一年左右，问题也不大。如果用车强度大，可以提前更换。防腐、防锈性能是发动机冷却液的一个重要的性能指标，长时间受到腐蚀的金属部件生成了大量的铁锈，严重的会逐渐腐蚀穿透金属板而导致渗漏，这直接关系到汽车冷却系统的使用寿命。

2. 正确选购冷却液

自己选购冷却液更换，这样既省钱又方便。但是目前汽配市场上的冷却液，仅品牌就有上百种，该怎么选购是个大问题。那么，冷却液要怎么选购？什么样的冷却液好呢？

市场上现在有一些假冒产品，使用前可以通过气味鉴别。冷却液普遍原料为乙二醇，气味比较温和，略有一些甜味。而劣质的冷却液使用"工业酒精"当原料，闻起来有"酒精"味，沸点非常低，只有70℃左右，很容易"开锅"，并且挥发速度快，使用久了散热器里只剩下水，没有抗冻性，导致散热器冻裂。另外，有一些是酸性气味的冷却液，有较强的腐蚀性，不建议使用。

不同型号的冷却液不能混合使用，以免引起化学反应，生成沉淀或气泡，降低使用效果。之前用的什么品牌，在此后最好购买相同品牌、相同规格的冷却液使用，这样能有效防止沉淀增加。冷却液一般都有颜色，颜色越深，防冻能力越强。消费者在为汽车换冷却液时，一定要查看包装上的厂名、厂址、电话、生产日期等。正规产品标注齐全，字迹清晰，伪劣产品字迹模糊，容易擦掉。

第七节 认识与更换手动变速器润滑油

手动变速器润滑油也称为齿轮油。齿轮油是以石油基润滑油或合成润滑油为主，加入极压抗磨剂和油性剂调制而成的一种重要的润滑油，用于各种齿轮传动装置，以防止齿面磨损、擦伤、烧结等，延长其使用寿命，提高功率传递效率。齿轮油应具有良好的抗磨、耐负荷性能和合适的黏度。此外，还应具有良好的热氧化安定性、抗泡性、油水分离性能和防锈性能。由于准双曲面齿轮负荷高达2942MPa，为防止油膜破裂造成齿面磨损和擦伤，在准双曲面齿轮油中常加入极压抗磨剂，普遍采用硫-磷型或硫-磷-氮型添加剂。齿轮油的用量约占润滑油总量的6%~8%。齿轮油是性能优异的润滑油。

一 手动变速器润滑油对手动变速器的影响及选用

1. 手动变速器润滑油不适用对手动变速器的影响

1）手动变速器润滑油黏度变大,齿轮旋转受到的阻力就会增大,降低了变速器的传动效率,车辆会过度供油,导致油耗过大。

2）手动变速器内部的热量增多,从而使变速器的温度越来越高,最终烧损轴承或齿轮。

2. 齿轮油的选用

换油时黏度的选择:黏度是齿轮油最基本的选择因素。如果黏度选择过大,会使摩擦面过热,也会造成不必要的动力损耗,如果黏度选择过小,由于离心力的作用将油从齿面甩掉,容易造成油封漏油,可能在齿轮面上形成贫油润滑,从而加大磨损,甚至会产生烧结现象,因此选择适合的黏度非常重要。

为了防止齿轮接触时高应力造成的齿面擦伤、剥落、烧结,必须选择具有良好抗磨极压性能的齿轮油,以维持适当的承载性。因此,用户在选择油品时,一定不要把内燃机机油、液压油等其他油品加入到齿轮箱中,以免造成极压抗磨性能不足,损坏齿轮。

1）齿轮油的性能。齿轮油一般要求具备以下基本性能:合适的黏度及良好的黏温性,黏度是齿轮油最基本的性能。黏度大,形成的润滑油膜较厚,抗负载能力相对较大。

2）足够的极压抗磨性:极压抗磨性是齿轮油最重要的性质,最主要的特点是防止运动中齿面磨损、擦伤、烧结的性能。抗磨、耐负荷性能由于齿轮负荷一般都在490MPa以上,而准双曲面齿轮负荷更高达2942MPa,为防止油膜破裂造成齿面磨损和擦伤,在齿轮油中一般都加入极压抗磨剂,以前常用硫-氯型、硫-磷-氯型、硫-氯-磷-锌型、硫-铅型和硫-磷-铅型添加剂。现在普遍采用硫-磷型或硫-磷-氮型添加剂。

3）良好的抗乳化性:齿轮油遇水发生乳化变质会严重影响润滑油膜形成而引起擦伤、磨损。

4）良好的氧化安定性和热安定性:良好的热氧化安定性保证油品的使用寿命。

5）良好的抗泡性:生成的泡沫不能很快消失将影响齿轮啮合处油膜形成,夹带泡沫使实际工作油量减少,影响散热。

6）良好的防锈、防腐蚀性:腐蚀和锈蚀不仅破坏齿轮的几何学特点和润滑状态,腐蚀与锈蚀产物会进一步引起齿轮油变质,产生恶性循环。

齿轮油还应具备其他一些性能,如黏附性、剪切安定性等。目前,我国多数中、重负荷工业齿轮油所用的极压添加剂以硫-磷型为主,与国外同类产品质量水平相当。

7）根据齿轮工作条件的苛刻程度选用使用等级。齿轮工作条件的苛刻程度是由齿轮的类型及其工作时的负荷和表面滑移速度决定的。普通齿轮传动可选用普通车辆齿轮油,准双曲面齿轮传动必须选用准双曲面齿轮油。若汽车常在山区或满载拖挂行驶,并经常处于高负荷状态下,工作苛刻、油温较高,也可以选用准双曲面齿轮油。

8）依据季节气温选择黏度等级。齿轮的低温黏度达150000mPa·s时的最高温度决定其适用的最低气温。因此齿轮油的黏度等级一般是根据不同地区或季节的气温情况来选择的。气温高时,选择黏度高的齿轮油;反之,气温低时,选择黏度低的齿轮油。如长江流域及其他地区

冬季气温不低于 -10℃ 的地区，全年可用 90 号油。长江以北冬季气温不低于 -26℃ 的寒区，全年可用 80W/90 油。黑龙江、内蒙古、新疆等冬季气温在 -26℃ 以下的严寒区，冬季使用 75W 号油，夏季换用 90 号油。其他地区全年可用 85W/90 油。

3. 选择的依据

包括：齿轮种类、齿轮转速、传动比、环境温度及运行温度、输入功率、负载特性（冲击、负载大小）、驱动形式、润滑方式（飞溅、压力）、污染程度、油品泄漏等。

4. 影响齿轮润滑的因素

温度：温度下降时，齿轮油会变稠。温度上升时，则会变稀。因此在低温条件下需要低黏度的齿轮油，而在高温条件下则需要高黏度的油，以防止金属与金属之间的干摩擦。

速度：滑动和转动的速度越快，齿轮间挤进齿轮油的时间就越少。同时在高速运作下齿轮油更容易结块变厚。因此：低速用高黏度油（稠油），高速用低黏度油（稀油）。

负荷（压力）：高黏度油比稀油更能抵御重负荷，并可防止金属与金属之间的碰撞。因此：轻负荷需要低黏度的齿轮油，高负荷需要高黏度的齿轮油。

冲击负荷：例如由发动机发出的不均匀力，这就需要高黏度的油以防油膜的瞬间碎裂而产生的边界润滑，因为此时只有极少的齿轮油可留下。在这种情况下，需要一种含有挤压添加剂（EP）的齿轮油。

齿轮类型：使用直齿、斜齿、人字形齿和锥齿轮副时，滑动和转动会产生有效的油膜形成，从而减缓啮合的轮齿间的直接接触。在蜗轮蜗杆和双曲面齿轮等非平行轴传动装置上，相对滑动运作的方向不利于维持油膜。在此类传动装置上，往往大量出现边界润滑。因此，在蜗轮蜗杆装置和大偏心量的准双曲面齿轮传动装置上需要仍为高黏度的油。当这些传动装置受到重负荷和高压时，就要选择具有高强油膜特性（高黏度）、光滑性、润滑性的齿轮油。

二 手动变速器润滑油的作用及润滑油种类

1. 手动变速器润滑油的作用

第一个作用是散热，齿轮之间的相互摩擦做功，势必会产生大的热量，这时候需要齿轮油进行散热。

第二个作用是润滑，减少齿轮间的磨损，使档位结合更加顺畅。

第三个作用就是清洁，保持齿轮系统的清洁，延长传动装置的使用寿命，降低摩擦，减少磨损，控制离合器的摩擦和同步器的性能，承载（低速大转矩，振动负荷）散热，减少振动和噪声，齿轮啮合处的污染物清洗功能，防止腐蚀，防止点蚀和表面金属撕脱，隔绝金属表面，防止金属本体直接接触。

2. 手动变速器润滑油种类

SAE 黏度分类把齿轮油分为 75W、80W、85W、90、140、250 共六类。

在 SAE 分类中，W 代表冬季用油，前三种适用于低温工作。现代轿车一般选用的都是四季通用的齿轮油,如我国东北及西北地区比较适合选用 80W-90 或 75W-140 号油,中部地区则选用 85W-90 或 85W-140 号油,而南方地区可以选用 90 号或 140 号油。API 性能分类分为 GL-1、GL-2、GL-3、GL-4、GL-5、GL-6 共六个质量等级。在 API 分类的六个等级中,车辆通常使用的为后三个级别,而轿车推荐使用的一般为 GL-4 或 GL-5。

3. 齿轮油型号

齿轮油发展的趋势是低黏度化、多级化和长寿命化。为了节省能源,降低燃料消耗,国外选用较低黏度的齿轮油和大跨度的多级油。为了提高齿轮油的质量,延长换油周期,除了提高基础油的精制程度外,普遍使用以硫化烯烃为主的硫 - 磷型极压剂,它比硫 - 磷 - 氯 - 锌型极压剂有更好的热氧化安全性、抗磨极压性和防腐性能,因而适合于在更苛刻的工况下使用,可延长使用寿命。

(1) SAE 黏度分类

齿轮油按 100℃ 运动黏度和表观黏度为 150000mPa·s 时最高使用温度规定,分为 75W、75W/90、80W/90、85W/90、90、85W/140 和 140 七个黏度等级(牌号)。

(2) API 使用性能分类

齿轮油的级别分类,按照美国石油学会(API)的标准,可分为 GL-1、GL-2、GL-3、GL-4、GL-5、GL-6 等质量级别,齿轮油外包装上都有相应的质量级别标识。

型号:GL-1

使用说明:在低齿面压力、低滑动速度下的汽车弧齿锥齿轮、蜗轮式驱动桥,以及各种手动变速器规定用 GL-1 级齿轮油。矿物油能满足这类情况的要求,可以加入抗氧化剂、防锈剂和消泡剂改善其性能,但不加摩擦改进剂和极压剂。

用途:汽车手动变速器,包括拖拉机和载货汽车手动变速器。

型号:GL-2

使用说明:汽车蜗轮式驱动桥,对于负荷、温度和滑动速度的状况,用 GL-1 齿轮油不能满足要求时,规定用 GL-2 级齿轮油。GL-2 通常都加有脂肪类物质。

用途:蜗杆传动装置。

型号:GL-3

使用说明:滑动速度和负荷比较苛刻的汽车手动变速器和弧齿锥齿轮的驱动桥规定用 GL-3 级油。这种使用条件要求齿轮油的负荷能力比 GL-1 和 GL 2 级油高,但比 GL-4 级油要低。

用途:苛刻条件的手动变速器和弧齿锥齿轮的驱动桥。

型号:GL-4

使用说明:在低速高转矩、高速低转矩下操作的各种齿轮,特别是客车和其他各种车用的准双曲面齿轮,规定用 GL-4 级齿轮油。其抗磨性能等于或优于 CRC RGO-105 参考油。

用途:手动变速器、弧齿锥齿轮和使用条件不太苛刻的准双曲面齿轮。

型号:GL-5

使用说明:在高速冲负荷、高速低转矩、低速条件下操作的各种齿轮,特别是客车和其他车用的准双曲面齿轮,规定用 GL-5 级齿轮油。适用于其抗磨性能等于或优于 CRC RGO-110 参考油的油品。

用途：适用于操作条件缓和或苛刻的准双曲面齿轮及其他各种齿轮，可用于手动变速器。

型号：GL-6

使用说明：在高速冲击条件下运转的轿车和其他车辆的各种齿轮。特别是大偏移距的准双曲面齿轮，偏移距大于 50nm 或接近大齿轮直径的 25%，规定用 GL 6 级齿轮油，其抗磨性能应等于或优于 L-1000 参考油。

按黏度等级和质量等级分类。参照 API 的分类标准，根据齿轮的形式和负载情况，我国将车辆用齿轮油划分为普通车辆齿轮油、中负荷车辆齿轮油、重负荷车辆齿轮油三个等级。

其中，普通车辆齿轮油相当于 API 的 GL-3，中负荷车辆齿轮油相当于 API 的 GL-4，重负荷车辆齿轮油相当于 API 的 GL-5。齿轮油的黏度，根据齿轮油低温黏度达 150000mPa·s（超过该黏度，容易引起齿轮损伤）时的最高温度和 100℃时的黏度，分为 70W、75W、80W、85W、90、140、250 黏度标号。

三 更换手动变速器润滑油

手动变速器润滑油更换主要包括放出旧齿轮油，加注新齿轮油。

1. 放出旧齿轮油

准备设备、工具：废油回收机、梅开扳手

（1）打开发动机舱盖

1）将车辆停放在举升机内，为了操作时有较好的采光，建议将发动机舱盖保持开启。将车辆停放在举升机位置，如图 3-267 所示。

2）扳动发动机舱盖锁机释放开关。发动机舱盖锁机释放开关因车型不同位置也不同，如图 3-268 所示。

图 3-267　停放车辆

图 3-268　扳动锁机释放开关

3）打开发动机舱盖，如图 3-269 所示。

4）支撑好发动机舱盖，在整个操作过程中，发动机舱盖应保持开启状态。不同车型发动机舱盖支撑方式不同，如图 3-270 所示。

（2）举升车辆

1）按住举升机举升开关，将车辆举升至合适高度，如图 3-271 所示。

2）按下举升机锁止保险按钮，举升机自动锁止，如图 3-272 所示。

图 3-269 打开发动机舱盖

图 3-270 撑好发动机舱盖

图 3-271 举升车辆

图 3-272 锁止保险

注意：举升车辆时周围不能有人。

（3）拧松加注、放油螺栓

1）确认变速器的位置，手动变速器一般没有油位标尺，其加注量一般通过加注口来检查。有油位标尺的可以通过油位标尺来检查油位，如图 3-273 所示。

2）确定变速器上的放油口和加油口的位置。变速器放油口位置（底部或底部侧面），如图 3-274 所示。

图 3-273 手动变速器的位置

图 3-274 放油口位置

3）确认变速器加油口（检查口）位置（中间部位），如图 3-275 所示。

4）将加油口的螺栓用梅开扳手拧松但不要拧下来，如图 3-276 所示。

图 3-275 加油口位置

图 3-276 拧松加油口螺栓

5）拧松放油口螺栓，不要拧下来，如图 3-277 所示。

（4）放出齿轮油

1）将废油回收机放置在合适位置，如图 3-278 所示。

图 3-277 拧松放油口螺栓

图 3-278 放置废油回收机

2）将放油口螺栓拧下，放出旧齿轮油，如图 3-279 所示。

3）未拧下加油口螺栓时的放油状态——放油较慢，如图 3-280 所示。

图 3-279 拧下放油口螺栓

图 3-280 放油较慢

4）拧下加油口螺栓后的放油状态——放油较快，如图 3-281 所示。

5）等待一段时间，尽量将变速器内的齿轮油放尽，如图 3-282 所示。

6）放油螺栓带有磁性，上面有很多金属碎屑，如图 3-283 所示。

7）用抹布将放油螺栓上的金属碎屑清理干净，如图 3-284 所示。

图 3-281　放油较快

图 3-282　旧油放尽

图 3-283　放油螺栓

图 3-284　清洁放油螺栓

8）清理干净的放油螺栓，如图 3-285 所示。
9）放尽齿轮油后，用抹布擦拭放油口然后再将放油螺栓拧紧，如图 3-286 所示。

图 3-285　清理干净的放油螺栓

图 3-286　拧紧放油螺栓

2. 加注齿轮油

准备工具：齿轮油加注器

1）用齿轮油加注器加注新的齿轮油。将新的齿轮油倒入齿轮油加注器内，如图 3-287 所示。

注意：不要混用不同的齿轮油。 由于各个厂商所选用的齿轮油标准不一样，所以车主在添加齿轮油的时候需要按照原厂的标准，而且在添加不同品牌的齿轮油时候一定要先将之前的齿轮油放光之后再加，以避免混用不同齿轮油对汽车造成影响。

2）将齿轮油加注器的出油管从加注口放入变速器内部，如图 3-288 所示。
3）出油管尽量向内，如图 3-289 所示。
4）按压加注器手柄，将齿轮油压入变速器内，如图 3-290 所示。

图 3-287　将齿轮油倒入齿轮油加注器

图 3-288　放入出油管

图 3-289　放置好的出油管

图 3-290　将油压入变速器

注意：加油时不能有油漏在地上。

5）加注至规定量后，取出加注器出油管，如图 3-291 所示。

注意：取出加注器出油管时小心油滴落在地上。

6）检查齿轮油加油口螺栓，并清洁干净，如图 3-292 所示。

图 3-291　取出出油管

图 3-292　加油口螺栓

7）检查齿轮油加注量时，一般为拧下加油口螺栓后有少许齿轮油溢出即可，如图 3-293 所示。

8）用手将加油口螺栓拧上去，如图 3-294 所示。

9）用梅开扳手拧紧加油口的螺栓，如图 3-295 所示。

10）降下举升机，放下车辆，如图 3-296 所示。

11）关闭发动机舱盖，如图 3-297 所示。

12）操作完成，整理清洁工具场地，如图 3-298 所示。

图 3-293　检查齿轮油加注量

图 3-294　拧上加油口螺栓

图 3-295　拧紧加油口螺栓

图 3-296　放下车辆

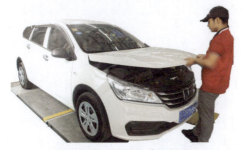

图 3-297　关闭发动机舱盖

图 3-298　操作完成

四　手动变速器润滑油的特性

手动变速器齿轮基于两个齿轮轴系统，驾驶员通过离合器和变速杆输入后，齿轮会啮合在一起。这意味着，当两个运动的齿轮啮合在一起时，变速器内齿轮间会产生大量的摩擦和热量。因此，齿轮油必须能够使这些齿轮过渡尽可能平滑，以防止在组件移动时损坏它们，要达到这样的效果齿轮油必须具有以下特性。

1. 高黏度

齿轮油的黏度比较高，高黏度可确保对整个齿轮系统进行彻底润滑，最重要的是，当齿轮啮合在一起时，可以很好地缓冲齿轮免受振动的损害。

2. 耐热性

手动变速器在工作中会发生大量摩擦，产生大量热量。齿轮油必须能够承受高温，将热量从齿轮传动系统中传出。

3. 能够在极端压力下运行

齿轮油通常带有挤压添加剂，以使其能够承受车辆行驶过程中产生的高压，特别是在涉及准双曲面齿轮的情况下，它们有助于保持齿轮油的稳定和变速器稳定运转。

第八节　盘式制动器的拆装与检查

制动器是具有使运动部件（或运动机械）减速、停止或保持停止状态等功能的装置。在汽车制动系统中它是执行器，是制动系统中极为重要的装置，制动器的好坏影响着汽车制动性能的好坏。目前，轿车上广泛应用的是盘式制动器，并且现在大部分轿车都将它用于全部车轮，只有少数轿车前轮使用盘式制动器，后轮使用鼓式制动器。盘式制动器又称为碟式制动器，顾名思义是取其形状而得名。

一、盘式制动器的组成

盘式制动器由液压控制产生制动力，主要零部件有制动盘、制动轮缸、制动钳支架、制动片、滑销、油管等组成。

1. 制动盘

盘式制动器摩擦副中的旋转元件是以端面工作的金属圆盘，称为制动盘，俗称为制动盘。制动盘用合金钢制造并固定在车轮上，随车轮转动，摩擦元件从两侧夹紧制动盘而产生制动力。制动盘是盘式制动器的摩擦偶件，除应具有作为构件所需要的强度和刚度外，还应有尽可能高而稳定的摩擦系数，以及适当的耐磨性、耐热性、散热性和热容量等。制动盘在工作时不仅受到制动块施加的很大向心力和切向力，而且还承受比鼓式制动器的制动的鼓大得多的热负荷，其表面最高温度可达到800℃，在高温作用下可能翘曲，从而导致产生摩擦噪声和刮伤。为了使制动盘有适当的热容量和良好的散热性能，必须对其结构和厚度给予充分地考虑。制动盘的结构分为实心型和通风型两种，通风型可降低温升20%～30%。奥迪、切诺基等多数轿车均采用通风型制动盘，其厚度在20～22.5mm之间，其他引进轿车采用厚度10～13mm的实心型制动盘。制动盘的材料为灰铸铁，或添加Cr、Ni等元素的合金铸铁。制造时应严格控制制动盘的轴向圆跳动量、两端面的平行度（厚度差）及不平衡量。在使用中制动盘的极限轴向圆跳动量应不超过0.06～0.15mm。制动盘直径应尽可能取大些，这使制动盘的有效半径得到增加，可以降低制动钳的夹紧力，减少衬块的单位压力和工作温度。受轮辋直径的限制，制动盘的直径通常选择为轮辋直径的70%～79%。总质量大于2t的汽车应取上限。

2. 制动轮缸

制动轮缸与制动钳支架安装在一起，制动轮缸主要的作用是顶动制动片，使制动片与制动盘摩擦从而产生制动力。制动轮缸通过制动油管与制动主缸相连接，制动主缸与制动踏板相连接，当驾驶员踩下制动踏板后制动主缸产生推力，制动液将推力传递到制动轮缸，轮缸内部的活塞受到液压力开始移动将制动片推动。

3. 制动片

制动片俗称刹车片，在汽车的制动系统中，制动片是最关键的安全零件，所有制动效果的好坏都是由制动片起着决定性的作用。制动片一般由钢板、黏结隔热层和摩擦块构成，其中隔热层是由不传热的材料组成，目的是隔热，摩擦块是由摩擦材料、黏合剂组成，制动时被挤压在制动盘上产生摩擦力，从而达到车辆减速制动的目的。制动片的好坏体现在制动片的制造材料上，制动片根据材料主要分为石棉制动片、半金属制动片、少金属制动片、NAO（无石棉有机材料）制动片、陶瓷制动片、NAO陶瓷制动片几种。

1）石棉制动片：由于石棉纤维具有高强度和耐高温的特性，因此可以满足制动片及离合器盘和衬垫的要求。但是石棉制动片现在已经基本被淘汰，因为它已被医学界证实是致癌物质。

2）半金属制动片：半金属混合物型制动片主要是采用粗糙的钢丝绒作为加固纤维的混合物。从外观上（细的纤维和微粒）可以很方便地将它与石棉型和无石棉有机材料（NAO）制动片区分开来。另外，它们还具有一定的磁性。钢丝绒具有较高的强度和导热性，这使得半金属混合物型制动片同传统的石棉型制动片有着不同的制动特性。例如：半金属制动片内部金属含量较高而强度大，高金属含量同时也改变了制动片的摩擦特性，通常半金属制动片需要更高的制动压力来完成同样的制动效果。特别是在低温环境中，高金属含量同样也就意味着制动片会引起较大的制动盘或制动鼓的表面磨损，同时会产生更大的噪声。半金属制动片的主要优点在于它的温控能力及较高的制动温度，同石棉型制动片的传热性能差，与制动盘、制动鼓的冷却能力差相比，它们可以在制动时帮助制动盘将热量从其表面上散发出去，热量被传递到制动钳及其组件上。当然如果这些热量处理不当也会产生问题，制动液受热后温度会上升，如果温度达到一定水平，将导致制动力下降和制动液沸腾。这种热量同时对制动钳、活塞密封圈及回位弹簧也有一定的影响，会加快这些组件老化，这也是在制动维修时要重新装配制动钳及更换金属件的原因。

3）无石棉有机摩擦材料（NAO）制动片：无石棉有机材料制动片主要使用玻璃纤维、芳香族聚酯纤维或其他纤维（碳、陶瓷等）来作为加固材料，其性能主要取决于纤维的类型及其他添加混合物。无石棉有机物摩擦材料主要是作为石棉的替代品而研制的，用于制动鼓或制动蹄，但是近期它们也正在开始被尝试用作前盘式制动片的替代品。就性能而言，NAO型制动片更接近石棉制动片，而不是半金属制动片，它不像半金属制动片那样具有良好的导热性和良好的高温可控性。NAO型制动片的材料已经历了几次变革，现在的NAO材料在诸多方面已经有效地超过了石棉制动片的性能，这主要是在抗摩性能及噪声等方面。NAO型制动片比石棉制动片的使用寿命明显延长，同时还有利于延长制动鼓与制动盘的使用寿命。

4）陶瓷制动片：陶瓷制动片是摩擦材料中的新品种，最初由日本制动片企业于20世纪90年代研制成功。陶瓷制动片是由陶瓷纤维、不含铁的填料物质、黏结剂和少量的金属所组成，它具有耐高温、无噪声、无落灰、不腐蚀轮毂、使用寿命长、环保等优点。陶瓷制动片现在在日本和北美汽车市场使用非常广泛，欧洲车企的新车型也开始装配陶瓷制动片。国际市场对陶瓷摩擦材料的认可，加速了我国对陶瓷制动片的研发。目前，国内主流制动片企业已经具备了中高端陶瓷制动片的自主研发与生产能力，并已为国外一些大汽车制造商配套，逐步进入国外中高端市场。但是，国内市场尚未得到很好开发。原因在于陶瓷摩擦材料价格高，主机厂很难接受。其次国外对噪声、环保要求较高，陶瓷摩擦材料因其低噪声、耐用、环保等优点

在国外备受青睐，而国内对这个方面还是不够重视，消费者这方面的意识也比较欠缺。国内汽车制动片的发展还停留在注重制动效果与安全性的阶段，没有发展到注重舒适性、环保性的阶段。陶瓷制动片虽然短期内不太可能替代传统制动片，但现代汽车正朝着高性能、高速度、安全舒适等方向发展，这就要求作为汽车重要组成部分的制动系统必须安全可靠，同时必须不断开发新的制动材料以满足更严格的环保要求，陶瓷制动片必然成为今后的一个发展趋势。

二 盘式制动器的种类

盘式制动器按制动钳的结构形式可分为定钳盘式和浮钳盘式两种。

1. 定钳盘式制动器

制动盘固定在轮毂上，制动钳固定在车桥上，既不能旋转也不能沿制动盘轴向移动。制动钳内装有两个制动轮缸活塞，分别压住制动盘两侧的制动块。当驾驶员踩下制动踏板使汽车制动时，来自制动主缸的制动液被压入制动轮缸，制动轮缸的液压力上升，两轮缸活塞在液压力作用下移向制动盘，将制动块压靠到制动盘上，制动块夹紧制动盘，产生阻止车轮转动的摩擦力矩，实现制动。

2. 浮钳盘式制动器

浮钳盘式制动器的制动钳是浮动的，可以相对于制动盘轴向移动。制动钳一般设计成可以相对于制动盘轴向移动。在制动盘的内侧设有液压缸，外侧的固定制动块附装在钳体上。制动时，制动液被压入液压缸中，在液压力作用下活塞向左移动，推动活动制动块也向左移动并压靠到制动盘上，于是制动盘给活塞一个向右的反作用力，使活塞连同制动钳体整体沿导向销向右移动，直到制动盘左侧的固定制动块也压到制动盘上。这时两侧制动块都压在制动盘上，制动块夹紧制动盘，产生阻止车轮转动的摩擦力矩，实现制动。

三 制动器的拆装与检查

制动器的拆装与检查包括制动器的拆卸，制动器的检查以及制动器的安装。

1. 制动器的拆卸

（1）举升车辆，拆卸车轮

准备工具：拆装工具套装、扭力扳手、冲击批

1）首先将车辆停放在举升机上合适位置，注意前后及两边的距离要合适。关闭发动机，拉紧驻车制动。用扭力扳手对车轮进行预松，如图3-299、图3-300所示。

注意：预松时要按对角顺序进行操作。

2）将车辆举升到合适高度，并在车辆前后合适位置放入安全支架，然后用棘轮扳手将轮胎拆卸下来，如图3-301、图3-302所示。

图 3-299　右侧距离

图 3-300　左侧距离

图 3-301　举升车辆

图 3-302　放置安全支架

（2）拆卸制动轮缸及滑销

1）制动轮缸通过两根滑销安装在制动钳支架上，如图 3-303 所示。

2）选择与螺栓相同尺寸的套筒，然后与扭力扳手组合，如图 3-304、图 3-305 所示。

3）用扭力扳手拧松上面的紧固螺栓，再用棘轮扳手拧松螺栓但不要拆卸下来，如图 3-306、图 3-307 所示。

4）用同样的方法拧松下方的螺栓。取出下方的螺栓，如图 3-308、图 3-309 所示。

图 3-303　制动轮缸

图 3-304　选择合适套筒

图 3-305　组合工具

图 3-306　用扭力扳手拧松紧固螺栓

图 3-307　用棘轮扳手拧松紧固螺栓

图 3-308　拧松下方螺栓

图 3-309　取出下方螺栓

5）将轮缸向上抬起，取出下方的滑销，如图 3-310 所示。

6）轮缸抬起后，可以先将制动片取下来，如图 3-311 所示。

图 3-310　取出下方滑销

图 3-311　取下制动片

7）用手托住轮缸，将上面的滑销螺栓拆下，如图 3-312 所示。

8）将轮缸取下，用铁丝钩或绳子将轮缸挂在悬架上，避免轮缸掉落而扯坏制动油管，因为制动油管连接在制动轮缸上，如图 3-313、图 3-314 所示。

9）取出上面的滑销，如图 3-315 所示。

（3）拆卸制动钳支架

1）选择合适大小的套筒，用扭力扳手配合套筒拧松两颗固定螺栓，如图 3-316、图 3-317 所示。

2）然后用棘轮扳手或手拧出螺栓。再取下制动钳支架，如图 3-318、图 3-319 所示。

3）取下制动钳支架上的制动片限位减摩钢片，如图 3-320 所示。

图 3-312　拆下滑销螺栓

图 3-313　取下轮缸

图 3-314　挂好轮缸

图 3-315　取出上方滑销

图 3-316　选择合适套筒

图 3-317　拧松固定螺栓

图 3-318　拧出螺栓

图 3-319　取下制动钳支架

（4）拆卸制动盘

1）制动盘用两颗十字槽螺钉固定在轮芯上，如图 3-321 所示。

图 3-320　取下限位减摩钢片

图 3-321　固定螺钉

2）选择合适的十字批嘴，与棘轮扳手组合，如图 3-322、图 3-323 所示。

图 3-322　选择合适批嘴

图 3-323　组合工具

3）用棘轮扳手拧松螺钉，如图 3-324 所示。

4）若棘轮扳手难以拧松螺钉，可以选择用冲击批进行拆卸，如图 3-325 所示。

图 3-324　拧松螺钉

图 3-325　冲击批套装

5）选择合适的批嘴，将批嘴与冲击批组合，批嘴在放入螺钉槽内后尽量不要有旷量，如图 3-326、图 3-327 所示。

6）将有标记的部位旋转至与 L 字母对应，表示逆时针转旋松，如图 3-328、图 3-329 所示。

7）将冲击批嘴对正螺钉。一手握住冲击批，向逆时针方向用力，不要松开，一手用锤子用力敲击冲击批末端至螺钉松动，如图 3-330 所示。

图 3-326　选择合适批嘴

图 3-327 组合工具

图 3-328 调整冲击批（一）

图 3-329 调整冲击批（二）

图 3-330 拧松螺钉

8）用旋具将螺钉拧下，取下制动盘，如图 3-331、图 3-332 所示。

图 3-331 拧下螺钉

图 3-332 取下制动盘

2. 检查制动器

必要时先将部件清洗干净再进行检查。若部件异常，应及时更换。

1）目视检查制动盘表面有无裂纹和明显沟槽，如图 3-333 所示。

2）用外径千分尺检查制动盘的厚度，采用六点测量法，即将圆盘分为六份，在每个点测量一次，取最小值。若低于规定值应更换。若制动盘厚度超过使用极限，则必须更换制动盘，如图 3-334 所示。

3）目视检查轮缸是否漏油，目视检查油管接头是否漏油，如图 3-335、图 3-336 所示。

4）用游标卡尺测量滑销直径是否有明显旷量，然后插入制动钳支架后左右摆动滑销，同时来回抽动感觉是否灵活，有无卡滞现象，如图 3-337、图 3-338 所示。

图 3-333　目视检查制动盘

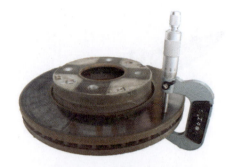

图 3-334　测量制动盘厚度

图 3-335　检查轮缸

图 3-336　检查油管接头

图 3-337　测量滑销直径

图 3-338　检查滑销是否灵活

5）检查防尘套有无破损，若有破损应更换，如图 3-339 所示。

6）测量制动蹄片的整体厚度，观察制动片是否与报警钢片平齐，如果已经快要平齐应更换制动片，如图 3-340、图 3-341 所示。

图 3-339　检查防尘套

图 3-340　测量制动蹄片

7）目视检查减摩限位钢片有无明显变形，如图3-342所示。

图3-341　目视检查

图3-342　检查减摩限位钢片

3. 安装制动器

（1）安装制动盘

1）将制动盘装上轮芯，注意制动盘上的螺钉孔与轮芯上的螺钉孔要对正，如图3-343、图3-344所示。

2）用手放入固定螺钉，先用旋具拧紧，如图3-345、图3-346所示。

3）将有标记的部位旋转至与R字母，对应表示顺时针旋紧，如图3-347、图3-348所示。

4）将冲击批嘴放入螺钉。一手握住冲击批，向顺时针方向用力，不要松开，一手用锤子用力敲击冲击批末端至螺钉紧固，如图3-349所示。

图3-343　螺钉孔对正

图3-344　安装制动盘

图3-345　放入固定螺钉

图3-346　拧紧固定螺钉

图3-347　调整冲击批（一）

图 3-348 调整冲击批（二）

图 3-349 拧紧螺钉

（2）安装制动钳支架

1）将制动钳支架安装上转向节，然后用棘轮扳手拧紧固定螺栓，如图 3-350、图 3-351 所示。

图 3-350 安装制动钳支架

图 3-351 拧紧固定螺栓

2）再用扭力扳手拧紧至规定力矩，如图 3-352 所示。

3）用旋具取适量的润滑脂涂抹在滑销孔内，如图 3-353、图 3-354 所示。

（3）安装制动片

1）先将限位减摩钢片安装上制动钳支架。安装时要按压到位，如图 3-355、图 3-356 所示。

2）安装制动片。将制动片放入限位减摩钢片内，如图 3-357、图 3-358 所示。

图 3-352 用扭力扳手拧紧

图 3-353 润滑脂

图 3-354 涂抹润滑脂

图 3-355　安装限位减摩钢片

图 3-356　按压到位

图 3-357　安装制动片

图 3-358　安装制动片

3）安装滑销的防尘套。防尘套要安装到位，防止其脱落，如图 3-359 所示。

4）安装滑销。安装滑销时，要来回抽动检查是否灵活，如图 3-360 所示。

图 3-359　安装滑销防尘套

图 3-360　安装滑销

（4）安装制动轮缸

1）安装轮缸时，要将轮缸活塞用轮缸活塞压缩器压缩，如图 3-361、图 3-362 所示。

2）将压缩器放入轮缸后，顺时针转动手柄将活塞压入最里面，压入到位后，卸下压缩器，如图 3-363、图 3-364 所示。

3）将悬挂的轮缸取下，对正位置后装入轮缸，如图 3-365、图 3-366 所示。

4）用手将两颗滑销固定螺栓拧上，用棘轮扳手初步拧紧，如图 3-367、图 3-368 所示。

5）用扭力扳手拧紧至规定力矩，如图 3-369 所示。

6）安装完成。将制动踏板踩踏两次，观察制动器是否异常，如图 3-370 所示。

7）将车轮装上，用棘轮扳手先将紧固螺栓预紧。放下车辆后再用扭力扳手拧紧至规定力矩。

图 3-361　轮缸活塞压缩器

图 3-362　组装轮缸活塞压缩器

图 3-363　将压缩器放入轮缸

图 3-364　压缩活塞

图 3-365　取下轮缸

图 3-366　装入轮缸

图 3-367　拧上固定螺栓

图 3-368　拧紧固定螺栓

图 3-369　拧紧至规定力矩

图 3-370　检查制动器是否异常

四　相关知识拓展

1. 制动盘与制动片什么时候更换

制动盘随车轮转动，汽车的制动原理是靠制动卡钳中的制动片夹住制动盘来实现轮胎制动的，因此制动盘及制动片会磨损。所以，制动盘和制动片长期使用，会因为磨损过度，使得汽车制动效果变差。制动盘更换里程一般在 70000~80000km 左右，但是更换里程也只是一个数据，由于受车主驾驶习惯、路况、生活地区地理环境等因素影响，更换制动盘时不能单方面只看里程数，还要经常检查制动盘，磨损到一定程度时要及时更换。

一般来说，前轮制动片的更换周期为 30000km，后轮制动片的更换周期为 60000km。不同的车型和不同的驾驶习惯往往差异很大，所以应该以实际检查结果为准。

2. 如何判断制动片是否该更换

1）观察法：一个新的制动片厚度（不包含制动片钢铁背板的厚度）一般在 15~20mm 左右，当肉眼观察制动片厚度已经仅剩原先 1/3 左右厚度（约 5mm）时，车主就要增加自检频率，随时准备更换了，通常在小于 3mm 左右厚度时需要立即更换。每个制动片的两侧都有一个凸起的标志，这个标志的厚度在 2~3mm，这也是制动片最薄更换的极限，如果制动片厚度已经与此标志平行，则必须要进行更换。目前不少车型在制动片过薄时仪表上的制动系统故障指示灯会有所提示，相对自检就方便一些。

2）听声音：如果在轻点制动的同时伴随有"铁蹭铁"的尖锐叫声，此时制动片必须立即更换。因为制动片两侧的极限标志已经直接摩擦制动盘，证明制动片已经超过极限。遇到这种情况，在更换制动片的同时要配合制动盘的检查，出现这种声音时往往制动盘已经受到损坏，此时即便更换新的制动片仍然不能消除响声，严重时需要更换制动盘。

3）感觉力度：当制动片变薄时我们的制动效果会受到影响，此时需要更深地踩下制动踏板才能达到原先轻踩就能达到的制动效果，前半程制动效果明显减弱。感觉自己的制动变软，有点"刹不住"了，此时就要检查制动片是否需要更换了。

另外，在选购汽车制动片的时候，需要挑选品质好的，尽量选择原厂件，当然原厂件在质量上肯定是没有问题的，但是价格也要贵一些。如果在维修店更换制动片，需要非常谨慎，因

为有些厂家为了节省成本，钢背上就不设置警报线，摩擦材料全部磨损完了，也不会有啸叫声，这就相当危险。

第九节 认识与更换制动液

制动液俗称刹车油，在采用液压制动系统的车辆中使用，它是液压制动系统中传递制动压力的液态介质，是制动系统不可缺少的部分。所有液体都有不可压缩的特性，在密封的容器中或充满液体的管路中，当液体受到压力时，便会很快地、均匀地把压力传导至液体的各个部分。液压制动便是利用这个原理来进行工作的，所以从主缸输出的压力会通过制动液迅速的直接传递至轮缸中。

一、制动液对行车的影响

1. 制动液不足对行车有什么影响？

制动液是汽车液压制动系统中必不可少的液压介质，系统中有足够的制动液才能使汽车在制动时反应迅速、制动距离短。如果系统中制动液不足则会使制动效果不好，比如无法制动或制动距离长，从而导致发生安全事故，甚至威胁驾驶员和乘客的生命安全。

2. 制动液品质不好或水分过多对行车有什么影响？

当制动液品质不好、沸点低或制动液中含水量超标，平时不会感觉到有什么影响，但当驾驶员在行车中踩制动踏板时，当制动片跟制动盘摩擦，会产生大量的热量，再通过制动轮缸传导给制动液，制动液温度就会升高。如果频繁或者长时间制动，制动液散热不会那么及时，制动液会有很高的温度，品质不好、沸点低的制动液就会沸腾。而水分过多的制动液里面的水也会沸腾，从而产生气阻，这些问题都会使制动效果降低，甚至丧失制动效果。

二、制动液的种类、等级与更换周期

1. 制动液的种类

车用制动液种类有蓖麻油—醇型、蓖麻油—合成型、蓖麻油—矿油型、有机硅油制动液四种。

1）蓖麻油—醇型：是由精制的蓖麻油45%～55%（质量分数，后同）和低碳醇（乙醇或丁醇）55%～45%调配而成，经沉淀获得无色或浅黄色透明液体，即醇型汽车制动液。蓖麻油加乙醇为醇型1号，蓖麻油加丁醇为醇型3号，醇型制动液的原料容易得到，合成工艺简单，产品润滑性好。缺点是沸点低，低温时性质不稳定。醇型1号在45℃以上出现乙醇蒸气，产生气阻。在-25℃时蓖麻油呈乳白色胶状物析出，并随温度降低而增加，堵塞制动系统，使制动系统严重失灵。在醇型3号皮碗试验中发现，制动液颜色稍变深，丁醇稍有腐蚀橡胶的现象，在-28℃时也有白色沉淀物析出。有的文献推荐加入甘油调整，但在低温下仍有沉淀且分层。

2）蓖麻油—合成型：是用醚、醇、酯等掺入润滑、抗氧化、防锈、抗橡胶溶胀等添加剂制成。它的最高沸点可达 200℃以上。合成型的制动液使用最多的是醇醚型和酯型的。合成型制动液生产工艺复杂、技术难度高，是一种安全性产品。

3）蓖麻油—矿油型：是用精制的轻柴油馏分加入稠化剂和其他添加剂制成的。

4）有机硅油制动液：是用硅油添加其他添加剂制成的制动液。由于硅油具有优良的化学惰性、疏水性和耐高温性能，因此可克服乙二醇基制动液所产生的腐蚀、气阻和储量衰减难题。有机硅油制动液的优点有：

① 节省长期维修费用，由于硅油不吸水，可防止水分的积聚或使氧化剂分解而腐蚀金属部件，硅油的非导电性也不会引起电解腐蚀。因此，液压制动系统不需大修和更换零件。此外，由于硅油的固有稳定性而不需经常更新。

② 制动系统运转安全，即使在 280℃以上的高温或 -40℃严寒的恶劣气候环境中，仍能安全运转。

③ 延长制动系统寿命。硅油除了可防止液压制动系统的零部件不受腐蚀外，还能起润滑作用，使金属、橡胶和塑料零部件不致磨损。

④ 操作安全。硅油制动液基本无毒，不需要采用特别的预防措施。长期储存不会由于吸水而降低物理性能。

⑤ 兼容性好，若将普通的多元醇制动液加入硅油制动液中，不会影响使用性能。这一点使得在紧急情况下，可把两制动液互相混用，但最好还是只使用单一种类的制动液。

⑥ 不会弄脏和玷污汽车的精致表面。硅油与多元醇制动液不同，它不会损伤汽车表面，万一在行车过程中发生喷溅或漏泄事故，可轻而易举地擦拭干净。

⑦ 设计的灵活性强。硅油制动液对所有合金、橡胶和塑料材料具有很好的适应性。从而给制动系统的设计带来了很大的灵活性。例如，由于硅油制动液优良的介电性能，因此，制动失灵警报系统和液面指示器的设计，可通过安置一个穿过主液压缸的电压计进行简化。

2. 制动液的等级

常用的制动液共有 DOT3、DOT4 和 DOT5.1 三种。制动液的性能等级以 DOT 作为分类标准，DOT 是美国汽车安全标准规定的缩写，其数字越大，级别越高。DOT3 和 DOT4 级制动液是非矿物油系，是以聚二醇为基础和乙二醇及乙二醇衍生物为主的醇醚型合成制动液，再加上润滑剂、稀释剂、防锈剂、橡胶溶胀抑制剂等调和而成，也是各国汽车使用最普遍的制动液。DOT3 与 DOT4 的不同之处主要在于沸点不同，DOT4 比 DOT3 更耐高温。车辆常用的为 DOT3 和 DOT4，后者比前者更耐高温，而 DOT5.1 一般应用在赛道车或特殊车辆上，平时很少见。而在实际使用中，推荐使用等级为 DOT4 的车用制动液。

制动液依据其平衡回流沸点，可分为 JG0、JG1、JG2、JG3、JG4、JG5 六个质量等级，序号越大平衡回流沸点越高，高温抗气阻性越好，行车制动安全性越高。

制动液按原料不同分类，有合成型、醇型和矿油型三种。合成型制动液有 4603、4603-1 和 4604 等牌号。4603 和 4603-1 号合成制动液适用于各类载货汽车的制动系统。4604 则适用于各类轿车的制动系统。醇型汽车制动液分为 1 号和 3 号两个牌号，它是以乙醇或丁醇及蓖麻油为原料，其抗阻性和低温流动性达不到要求，行车安全性差，已被淘汰。矿油型制动液有良好的润滑性，无腐蚀性，但对天然橡胶有溶胀作用。

3. 制动液的更换周期

制动液具有亲水和吸湿的特性，可以溶于水，而且容易吸收空气中的水分。制动液罐与大气是相通的，当制动液中的水分达到一定比例后，在制动时，压力会使系统管路中的水沸腾，从而产生气阻，使制动力下降，制动距离增加，有时候可能会导致制动失灵，所以应该在规定的周期内对制动液进行更换。再有就是需要考虑日常的驾驶环境、驾驶习惯等因素，如果长期在市区驾驶而很少在郊区、高速公路驾驶的话，制动液更换周期就要更短一点，因为在市区驾驶经常走走停停，用到制动的地方要比郊区、公路上多得多，这样制动液损耗得就会更快。如果经常在公路、郊区驾驶的话，因为制动的次数明显要比市区驾驶少，所以制动液更换周期可以相对较长一点。但不管车辆的使用频率如何，都建议每隔两年或40000km进行一次制动液的更换。如果当地潮湿天气比较多的话，则可以适当提前更换时间。

三 制动液的选择

1. 合格达标的制动液的特性

合格达标的制动液在高温、严寒、高速、湿热等工况条件下可以保证灵活传递制动力。对制动系统的金属和非金属材料没有腐蚀性。能够有效润滑制动系统的运动部件，延长制动轮缸和皮碗的使用寿命。

2. 制动液的选择方法

1）由于制动系统中的密封件为橡胶皮碗，长期浸泡在制动液中会发生化学变化，造成皮碗膨胀或收缩，从而影响制动性能，因此应选择与橡胶适用性良好的制动液。

2）高温性能，也就是制动液高温下抗气阻的能力，用"平衡回流点"这一指标来考察。一种制动液的平衡回流点越高，说明其高温性能越好，同时也说明其质量级别越高。

3）制动液的低温性能，也就是制动液低温时的流动性能，用40℃时制动液的运动黏度来考察。如果在该温度下制动液黏度过高，就会影响制动力的传递。

4）由于汽车制动系统中不少零部件都是金属材料，因此好的制动液应加入各种防腐蚀的添加剂，这样才能防止制动系统被腐蚀。

四 制动液的更换

制动液的更换包括更换制动液罐内的制动液，排出制动轮缸和管路中的制动液和检查制动液。

（1）更换制动液罐内的制动液

更换制动液首先要将制动液罐中的旧制动液排除干净，然后往制动液罐中加注新的制动液，在排出制动液时一定要排干净，制动液罐中的制动液可以用制动液真空壶排出。

（2）排出制动轮缸和管路中的制动液

制动液罐内的制动液更换之后还要排出制动轮缸和管路中的制动液，也可以用制动液真空壶排出，并且在排出制动液时，制动系统中的空气也会一起排出，但要在排旧液时不断加新制动液，防止再进入空气。

（3）检查制动液

检查制动液是检查更换完成后制动液的情况，检查系统是否进入空气，如果进入了空气，则需要对系统进行排空气。

1. 更换制动液罐内的制动液

（1）检查制动液含水量

准备工具：制动液水分检测仪

首先要检查制动液的质量是否已经不能继续使用，制动液的检查包括目视检查制动液内是否含有大量杂质，然后是检测制动液中的含水量。

1）将车辆停放在合适位置，拉紧驻车制动，扳动方向盘左下方的发动机舱盖释放开关，解开第一级锁钩，发动机舱盖向上小幅度弹开，如图3-371所示。汽车的发动机舱盖锁是双重锁，当扳动方向盘下方的释放开关时，发动机舱盖锁处于半开状态，还需解开第二级锁钩。

图3-371　扳动锁机释放开关

2）将手指伸进发动机舱盖，一只手向上扳动解开第二级锁钩，另一只手抬起发动机舱盖。第二级锁钩的打开方法会因为车型不同而不同，大部分的是向上扳动，也有向左或向右也有向里面推的，如图3-372、图3-373所示。

图3-372　第二级锁钩

图3-373　扳动第二级锁钩

3）用支撑杆支撑固定好发动机舱盖，防止发动机舱盖落下伤人。有的车型发动机舱盖是自动伸缩杆，当抬起到一定高度时会自动支撑住，如图3-374所示。

4）在发动机舱内找到制动液罐，由于制动液罐下方就是制动主缸，制动主缸与制动踏板的位置很近，因此制动液罐在发动机舱内正对驾驶员的位置，如图3-375所示。

图3-374　撑好引擎盖

图3-375　制动液罐位置

5）拧开制动液罐盖（部分制动液罐盖子上配有液位传感器，当制动液液位过低时会给驾驶员发出添加制动液的提示），如图3-376、图3-377所示。

图3-376　拧开制动液罐盖

图3-377　制动液罐盖

6）取出过滤网，过滤网可以在打开盖子后防止灰尘等杂物落入制动液罐中，以及在加制动液时过滤掉其中的杂质。先目视观察制动液的颜色，看是否含有过多的杂质，如果杂质过多会影响制动效果。新制动液的颜色呈淡黄色，里面并没有任何杂质。而到了使用年限的制动液的颜色明显变暗了许多，并且掺杂了许多杂质。制动液变质是一个很缓慢的过程，制动效果变差也是有一个过程的，给驾驶员的感受就是踩制动踏板的感觉"由硬变软"，如图3-378、图3-379所示。

图3-378　取出过滤网

图3-379　过滤网

7）用制动液水分检测仪检测制动液中水分的含量，将制动液水分检测仪的探头插入制动液罐中，观察检测仪指示值。当制动液中水分含量达到4.0%（质量分数）时应更换，否则在制动时，会使制动力下降，制动距离增加，有时候可能还会导致制动失灵，危及驾驶员及乘客的生命安全，如图3-380、图3-381所示。

图3-380　制动液水分检测仪

图3-381　检测含水量

（2）更换制动液

准备工具及耗材：制动液真空壶、新制动液

更换制动液罐中的制动液是用真空壶将安装在制动主缸上方的制动液罐内的制动液完全吸出，然后倒入新的制动液。

1）将真空壶的吸油管放入制动液罐内，注意要放入制动液罐最深处，否则会吸油不彻底，在加新制动液后，新制动液与旧制动液混合，导致制动液的品质降低，从而降低新加制动液的使用寿命，如图 3-382 所示。

2）将制动液真空壶连接上高压气管。连接高压气管时，真空壶上的空气开关要处于关闭状态，防止吸油管在接通瞬间由于真空吸力而脱离制动液罐，将制动液洒在发动机舱其他部件上，如图 3-383、图 3-384 所示。

图 3-382　放入吸油管

图 3-383　连接高压气管（一）

图 3-384　连接高压气管（二）

3）放置好真空壶与管路，真空壶一定要放稳，防止在吸制动液时真空壶倾斜使制动液流出污损发动机舱，如图 3-385 所示。

4）打开真空壶上的空气开关，将制动液罐中的制动液完全吸尽，吸尽后后关闭空气开关，将吸油管取出，在取出吸油管时要防止制动液滴在发动机舱内，如图 3-386 所示。

图 3-385　放置真空壶与管路　　　　图 3-386　打开真空壶空气开关

5）放入制动液罐的过滤网。要注意如果过滤网上有杂质应清理干净，如果有破损则需要更换，如图 3-387 所示。

6）向制动液罐中加注新的制动液，加油时手要稳，防止倒在制动液罐外，最好用漏斗进行加液。更换制动液一般需要加 1L 左右的新制动液，但第一次不会加完，第一次加注到快到壶盖就可以停止加注，如图 3-388 所示。

图 3-387　放入制动液罐过滤网

图 3-388　加注新制动液

2. 排出制动轮缸和管路中的制动液

准备工具：拆装工具套装、扭力扳手

制动轮缸和管路中的制动液也可以用制动液真空壶吸出，为了方便操作，要先将四个车轮拆下，然后再排制动液。排出制动轮缸中的制动液时应从离制动主缸最远的轮缸开始，顺序一般为右后、左后、右前、左前。

1）拆卸车轮。将车辆停放在举升机合适位置，关闭发动机，拉紧驻车制动。先用扭力扳手预松四个车轮的紧固螺栓，预松时注意要按对角顺序预松。然后调整举升机的举升臂到合适位置，举升车辆至合适位置，用棘轮扳手将紧固螺栓拆下，取下车轮，如图 3-389、图 3-390 所示。

图 3-389　举升车辆

图 3-390　拆卸车轮

2）找到制动轮缸上的排气螺钉位置，取下制动轮缸上的排气螺钉、防尘帽，图 3-391、图 3-392 所示。

3）将制动液真空壶管路与右后轮制动轮缸上的排气螺钉接头连接好。注意一定要连接紧固，防止在吸油过程中脱落而使制动液溅落在地上，如图 3-393、图 3-394 所示。

4）将合适大小的梅花扳手套在排气螺钉上，再将吸油管上的接头接在排气螺钉上，安装排气螺钉接头时，要稍用力按压使接头安装到位，防止在吸油过程中脱落而使制动液溅落在地上，如图 3-395、图 3-396 所示。

图 3-391 排气螺钉位置

图 3-392 取下防尘帽

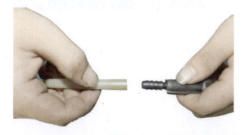

图 3-393 连接排气螺钉接头

图 3-394 连接好的排气螺钉接头

图 3-395 将梅花扳手套上排气螺钉

图 3-396 安装接头

5）拧松轮缸上的排气螺钉，打开真空壶上的压缩空气开关，吸出制动管路中的制动液。如此时系统中有空气，空气也会随制动液一起被吸出，但要有一人观察制动液罐中的制动液情况，当制动液减少一部分后，就要及时补充，避免因缺失制动液而使空气进入系统。轮缸及管路中的制动液吸出后，先拧紧排气螺钉，再关闭空气开关，然后取下吸油管接头，盖上防尘帽。注意排气螺钉一定要拧紧，防止以后在行车过程中松动，导致制动液泄漏，如图 3-397、图 3-398 所示。

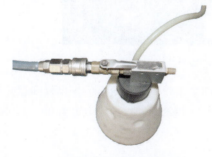

图 3-397 打开空气开关

图 3-398 吸出制动液

6）在没有真空壶的情况下，同样可以采用两人配合的方法更换制动液，先起动发动机怠速运转，一人踩踏制动踏板若干次后踩住不放，另一人拧松排气螺钉放出旧制动液，再将排气螺钉拧紧，然后再踩踏制动踏板若干次后踩住不放，最后排出制动液。如此反复进行，直至新的制动液排出为止。在这个过程中要注意制动液罐的液位不能过低，每排出几次旧制动液后需及时添加，如图3-399所示。

3. 检查制动液

图 3-399　加注制动液

当所有轮缸制动液排出完成后，要将制动液添加至规定液位范围内，并踩踏制动踏板检查是否有异常。若系统进入了空气，制动踏板在踩下时的行程比之前要低，或踩下时有"软绵绵"的感觉，同时制动力变差，这时就需要对系统进行排气。方法是起动发动机后怠速运转，一人踩踏制动踏板若干次后踩住不放，另一人先拧松排气螺钉放出空气，再将排气螺钉拧紧，然后再踩踏制动踏板若干次后踩住不放，再次排出空气。如此反复进行，直至系统中没有空气为止。在这个过程中，要注意制动液罐的液位不能过低，每排气几次后需及时添加。

1）更换完成后，检查制动液液位是否在标准液位范围，如果制动液缺少则需要添加，添加完成后拧紧制动液罐盖子，如图3-400所示。

2）一人进入驾驶室，起动发动机怠速运转，待转速稳定后，踩踏制动踏板，检查制动踏板制动行程是否正常，如图3-401所示。

3）检查制动液罐内制动液是否在制动液罐身上的液位标记"MAX-MIN"之间。如图3-402、图3-403所示。

图 3-400　拧紧制动液罐盖

图 3-401　怠速运转

4）制动液更换完成后，关闭发动机舱盖。安装四个车轮，用棘轮扳手先将紧固螺栓预紧，降下举升机，放下车辆，再用扭力扳手拧紧紧固螺栓。车轮紧固螺栓拧紧力矩为90～110N·m，如图3-404所示。

图 3-402 最低刻度

图 3-403 最高刻度

图 3-404 关闭发动机舱盖

五 相关知识拓展

1. 何为优质制动液？

1）沸点越高越好。沸点不低于 205℃，当汽车长时间行驶、在高速或下坡行驶时，制动片温度会高达数百度。制动液温度随着制动片温度升高而升高，若制动液沸点不够高，制动液汽化，产生气泡，制动时发软，不能立即达到制动目的，就不能保证行车安全性。

2）对制动系统各种金属防锈性好。一般制动液腐蚀性较强，但优质制动液对各类金属的防腐性、防锈性大大增加，可延长制动系统部件寿命，若加了劣质制动液就会很快腐蚀金属，对行车造成危害。

3）低温流动性很好，这对于严寒地区特别明显。使用优质制动液在严寒时制动一样灵敏、可靠。而使用劣质制动液低温性能差，凝固点高，低于 -20℃气温就会有凝固现象发生，大大影响行车安全。

4）对各种橡胶不腐蚀。优质制动液使用后极少发生皮碗严重膨胀变形现象。若使用劣质制动液，皮碗容易膨胀变形，导致车辆漏油、制动时皮碗翻转，造成事故。标准制动液膨胀率一般在 0.1%~5% 之内。

5）长期使用无沉淀物。制动液长期在高温状态下使用，质量不稳定就会产生热分解，产生沉淀物，同样影响制动性能。

2. 不同种类制动液混合使用有什么影响？

当不同种类制动液混在一起时，会造成制动液沸点降低，与劣质制动液混合尤其明显。在低温时制动明显失效，制动液凝固，并且腐蚀制动部件特别是橡胶件，使制动皮碗老化变质、回油阀密封不严、制动主缸或轮缸活塞与缸壁磨损，造成间隙过大。这破坏了优质制动液的各种优良性能，易产生行车危险。若不注意混合了两个种类制动液或制动液大量进水时，一定要及时更换新的制动液并排气，必要时应更换皮碗、活塞，清洗回油阀。

3. 如何避免制动液产生气阻现象？

驾驶员通常会发现，在正常行驶过程中，制动系统越来越软，制动液又足够，制动时"一脚刹不死"的现象时常发生，这就是制动液产生气泡形成气阻的现象。

为了防止产生气阻现象，要尽可能使用优质制动液。因为优质制动液抗气阻性能强，普通制动液沸点低，夏季在山区行驶，长期制动控制车速，制动液温度短时间内超过其沸点，达100℃以上，这样就易产生气阻，造成局部制动失效，后果不堪设想。一般建议使用国产合成型制动液，合成型制动液性能优良，高温使用不易产生气阻，低温不易凝固，油路通畅，保证了制动系统的灵敏性、可靠性。

还要避免高速行车频繁使用制动。遇有情况提前缓慢制动，不到不得已不要采取紧急制动，若感到制动不灵敏时，应立即寻找合适位置停车检查。

要定期检查并更换制动液，汽车制动液在使用前必须检查，若发现有白色沉淀或杂质，应过滤后再用。避免混合不同种类制动液。制动液一般两年换一次，由于制动液吸湿性强，最好避开雨季更换。更换时，严禁水和其他油混入，并一定要将制动液系统洗净擦干。

在酷热夏季长时间行车时，可在制动主缸上包上湿布冷却，带上水，常向湿布上滴水降温，可达到防气阻的效果。

4. 为什么有的车从来不换制动液也没有事？

很多车主对于两年一换制动液都不以为然，因为好些车主从来没换过制动液也没见制动出问题，这是为啥呢？其实这种情况很常见，制动液两年或者40000km一换是很多4S店的建议，但是按照4S店的保养周期车主们就觉得太频繁了。

很多车主说制动液不换都没有发生制动失效的问题，他们认为制动系统因为在比较密封的环境下运作，制动液基本不会吸水失效。但其实制动液变质是一个比较长的过程，这也是为什么制动液要两年或者40000～50000km一换，虽然制动系统相对密封，但并不是不会吸水，只是比较缓慢，另一点就是跟地区湿度有关，如果在南方潮湿地区，制动液变质的周期会缩短。

第十节　节气门清洗

节气门是控制空气进入发动机的一道可控阀门（俗称油门），它安装在节气门体上。空气进入进气管后会和汽油混合变成可燃混合气，再进入气缸内燃烧。节气门上接空气滤清器，下接发动机进气歧管，被称为汽车发动机的咽喉。它是当今电控发动机系统最重要的部件之一，车辆加速是否灵活，与节气门的脏污程度有很大的关系，节气门清洁不仅可以降低油耗，还可以使发动机灵活而强劲。

一 节气门的认识

1. 节气门的作用

通过加速踏板控制节气门开启角度确定进气量,从而调节喷油量。加速踏板踩得越深,节气门角度越大,进气量越多,喷油量越大。

2. 节气门的分类

节气门有机械式(传统拉索式)和电子式两种,传统发动机节气门操纵机构是通过拉索或者拉杆,一端连接加速踏板,另一端连接节气门连动板而工作。电子节气门主要通过节气门位置传感器,来根据发动机所需能量,控制节气门的开启角度,从而调节进气量的大小。电子节气门在清洗后,一般需要对其进行匹配复位才能正常工作。

电子式节气门的种类有电液式、线性电磁铁式、步进电动机式和直流伺服电动机式四种。

3. 节气门的组成

机械式:由怠速电动机、节气门位置传感器、节气门,节气门体、怠速气道、节气门拉索组成。

电子式:由节气门体、节气门、控制电动机总成组成。

二 节气门清洗的频率及方法

1. 什么时候需要对节气门进行清洗

当行车时出现怠速不稳、游车、加速或收油炝车(动力传送不畅、车体发抖)、熄火等现象时,就要考虑是不是节气门出现问题了。当然,这一般不会是质量问题,而是节气门是否需要清洗了。对于节气门多久清洗一次,并没有一个确切的周期,一般推荐每隔20000~30000km进行一次检查和清洗作业。

根据里程数确定清洗节气门的间隔是不准确的。因为节气门污垢主要是来自机油蒸气,其次是空气中的微粒和水分。在使用合格空滤且去掉曲轴箱通风管的情况下,节气门脏污速度会慢很多。曲轴箱内置曲轴,下边连接油底壳,这部分的工作温度在100~180℃。机油在使用中会受热挥发,使用时间越长,温度越高,挥发越强,加上气缸压缩气多少会通过活塞环的缝隙挤压到曲轴箱里,所以必须有一个通道放掉气体,否则油底壳内会形成正压。

曲轴箱通风管连接到节气门的原因一方面是环保要求,另一方面是靠进气的负压从曲轴箱抽出气体。含油的蒸气到达进气管时变冷,其中的油会凝结在进气道和节气门上,随之蒸气中夹杂的积炭也会沉积在这些部位,因为节气门开启的缝隙空气流量最大,空间小,气体温度也低,所以这部分最容易凝结。

因此,节气门多长时间会脏取决于空滤质量、使用机油的品牌、质量、行驶路段状况、空气温度状况、发动机工作温度、驾驶习惯等多方面。即使就个体而言,也不能用固定里程数来确定清洗节气门时间,新车第一次清洗节气门间隔最长,由于曲轴箱通风管和进气道中油气的不断凝结,清洗频度会增加,而且不同气候条件也会影响节气门脏污的速度。

2. 节气门的清洗方法

节气门的清洗方法有就车免拆清洗和拆下清洗两种。

(1) 免拆清洗

针对情况:油污或灰尘不是特别严重时。

优点:操作方便。

缺点:不能清洗彻底(如节气门上方及节气门片后方、节气门轴处等),只能清洗节气门 3/4 部分,必须增加清洗节气门频率。

(2) 拆下清洗

针对情况:油污或灰尘特别严重时。

优点:清洗干净彻底。

缺点:拆卸比较麻烦,拆卸时容易损坏与节气门连接的塑料部件。

三 节气门清洗过程

准备工具耗材:工具车、常用拆装工具、鲤鱼钳、化油器清洗剂、抹布、牙刷。

1. 确认节气门体的位置

节气门体的清洗有拆卸后清洗和免拆清洗两种方式,拆卸后清洗更为方便、干净、彻底,只是比免拆清洗耗时要长一些,可根据实际情况选择清洗方式。

1) 扳动发动机舱盖锁机释放开关(此开关一般位于驾驶室的左下方,位于制动踏板的左侧,拉一下开关发动机舱盖就会打开了),打开开关之后会听见发动机舱盖打开的声音,但是发动机舱盖不会自动升高,因为发动机舱盖里面还有一个第二级锁钩开关,如图 3-405 所示。

2) 第二级锁钩开关位于发动机舱盖中间,把手伸进去就可以找到,找到之后往上扳一下就可以解开,然后将发动机舱盖打开,如图 3-406 所示。

图 3-405　扳动锁机释放开关

图 3-406　打开发动机舱盖

3) 发动机舱盖打开后,使用支撑杆支撑来进行固定发动机舱盖(有些车型是自动升降的液压杆,打开之后液压杆会自动升起并固定发动机舱盖),如图 3-407 所示。

4) 节气门体的位置在进气歧管与空气滤清器之间,如图 3-408 所示。

图 3-407 撑好发动机舱盖

图 3-408 节气门体的位置

2. 拆卸节气门体上的线路及管路

拆卸前要观察节气门体上的连接线路和管路,并将它们拆下。

1)观察连接在节气门体上的线路和管路,确定哪些是需要拆下来的,如图 3-409 所示。

2)按住节气门体上的线束插头卡扣,将线束插头拔下,如图 3-410、图 3-411 所示。

3)拔下进气软管上的空气管,如图 3-412 所示。

图 3-409 观察线路和管路

图 3-410 拔下线束插头(一)

图 3-411 拔下线束插头(二)

图 3-412 拔下空气管

3. 拆卸节气门的进气软管及水管

拆下连接节气门体和空气滤清器的进气软管,然后拆卸节气门下方的水管。

1)选择合适的套筒与棘轮扳手进行组合,拧松进气软管在节气门体上的卡箍螺栓,如图 3-413 所示。

2)拧松进气软管在空气滤清器上的卡箍螺栓,如图 3-414 所示。

图 3-413　拧松卡箍螺栓（一）

图 3-414　拧松卡箍螺栓（二）

3）拧松卡箍后，将进气软管向外拉拔，如图 3-415 所示。

4）取下进气软管，如图 3-416 所示。

图 3-415　拔下进气软管

图 3-416　取下进气软管

5）带谐振腔的进气软管，如图 3-417 所示。

6）继续观察是否有其他附件需要拆卸，如图 3-418 所示。

图 3-417　带谐振腔的进气软管

图 3-418　观察是否还需拆卸附件

7）节气门体下方有两根细水管，需要拆卸，如图 3-419 所示。

8）使用鲤鱼钳夹住水管卡箍，然后将卡箍移向水管下方，如图 3-420 所示。

9）如果水管长时间未拆过，可能会比较紧，为了使拆卸容易，可以用鲤鱼钳夹住水管与其连接金属管的部位来回转动使水管松动，如图 3-421 所示。

注意：使用鲤鱼钳夹水管时力度要适中，以免用力过度导致与其连接的金属管变形。

10）水管松动后，向下拉拔水管将水管拔出，如图 3-422 所示。

图 3-419 节气门体下方水管

图 3-420 移除水管卡箍

图 3-421 松动水管

图 3-422 拔出水管

11) 有些车辆的节气门体水管拆卸后会有冷却液流出，要及时用堵头堵住管口，或在拆卸之前用夹子将水管接近末端位置夹住，防止冷却液流失，如图 3-423 所示。

4. 拆卸节气门体

拧下节气门体的固定螺母后将其取出，并用抹布将进气歧管口堵住，以免异物落入进气歧管内。

注意：取下节气门体后观察密封垫片是否损坏，若有损坏应更换。

1) 拆卸节气门体，先选择适用的套筒，如图 3-424 所示。

图 3-423 防止冷却液流失

图 3-424 选择合适套筒

2) 将套筒、接杆与棘轮扳手进行组合，然后先拧紧节气门体的固定螺栓，如图 3-425 所示。
3) 将节气门体上的所有固定螺栓拆下，如图 3-426 所示。
4) 从进气歧管上取下节气门体，如图 3-427 所示。

图 3-425 拧松固定螺栓

图 3-426 拆下固定螺栓

注意：取下节气门体后观察密封垫片是否损坏，若有损坏应更换。

5）取出节气门体后，将另外一根连接在节气门体上的水管拆卸下来，如图 3-428 所示。

图 3-427 取下节气门体

图 3-428 拆卸水管

6）节气门体空滤一侧，如图 3-429 所示。

7）节气门体进气歧管一侧，如图 3-430 所示。

图 3-429 节气门体空滤一侧

图 3-430 节气门体进气歧管一侧

8）拆卸节气门体后，要用抹布堵住进气歧管上的孔，防止灰尘或者异物通过进气歧管进入气缸内，如图 3-431 所示。

5. 分解节气门体

拧下节气门的两颗固定螺钉，将其从节气门体上取下来。

1）拆卸节气门，使用十字旋具拧下节气门的两颗固定螺钉，如图 3-432 所示。

2）将节气门转轴转动 90°，然后把节气门板从节气门体中取出，如图 3-433 所示。

3）节气门体分解完成，如图 3-434 所示。

图 3-431　做好防尘

图 3-432　拧下固定螺钉

图 3-433　取出节气门板

图 3-434　分解完成

4）从侧面可以看到节气门体内圈很脏，有一层积炭，如图 3-435 所示。

6. 清洗节气门体

使用专用清洗剂或化油器清洗剂对节气门和节气门体进行清洗。

1）使用化油器清洗剂对节气门体进行清洗，如图 3-436 所示。

<u>注意：化油器清洗剂有一定的腐蚀性，使用时需要佩戴手套进行。</u>

图 3-435　节气门体内圈

2）使用牙刷对节气门体上的积炭和污垢进行清洗，如图 3-437 所示。

图 3-436　清洗节气门体

图 3-437　清洗积炭和污垢

注意：边角以及缝隙等位置要清理干净。清洗节气门时务必让电器端朝上，不然有可能会损坏节气门体总成。

3）使用化油器清洗剂对节气门体上的孔道等部位进行全面清洗，如图3-438所示。

4）节气门体清洗后要使用抹布擦拭干净，如图3-439所示。

图3-438 清洗孔道

图3-439 擦拭节气门体

5）使用化油器清洗剂对节气门板进行清洗，如图3-440所示。

6）使用牙刷对节气门板上的积炭和污垢进行清洗，如图3-441所示。

图3-440 清洗节气门板

图3-441 清洗积炭和污垢

7）使用抹布将节气门板擦拭干净，如图3-442所示。

7. 安装节气门

节气门板清洗完成后将节气门板安装到节气门体上。

1）安装节气门板，将节气门转轴旋转90°后把节气门板放入，对正螺纹孔后，松开转轴，如图3-443所示。

2）装上节气门的固定螺钉，并使用十字旋具对节气门的固定螺钉进行拧，如图3-444所示。

图3-442 擦拭节气门板

8. 安装节气门体

安装节气门体到进气歧管上，拧紧固定螺母。

图 3-443 安装节气门板

图 3-444 装上固定螺钉

1）安装节气门体之前，要用抹布将进气歧管内边缘清洁一下，如图 3-445 所示。

2）先把节气门体下方拆卸的水管连接好，然后将节气门体上的四个螺孔对准进气歧管管口上的四个螺栓放入，如图 3-446 所示。

图 3-445 清洁进气歧管内边缘

图 3-446 安装节气门体

3）用手将节气门体的 4 颗固定螺母拧上，如图 3-447 所示。

4）将套筒与接杆进行组合，然后对节气门体上所有的固定螺母稍微拧紧，如图 3-448 所示。

图 3-447 拧上固定螺母

图 3-448 稍微拧紧螺母

5）将套筒、接杆与棘轮扳手进行组合，然后按对角的顺序分 2~3 次将所有螺母拧至规定力矩，如图 3-449 所示。

9. 连接节气门体上的线路和管路

1）装上节气门体下方的另一根水管，如图 3-450 所示。

图 3-449　拧至规定力矩　　　　　图 3-450　装上水管

2）使用鲤鱼钳将水管上的卡箍安装到位，如图 3-451 所示。

3）将节气门体上的线束插头插上，如图 3-452 所示。

图 3-451　安装卡箍　　　　　图 3-452　插上线束插头

10. 安装进气软管

1）将进气软管的两端分别装到节气门体和空气滤清器上，如图 3-453 所示。

2）使用十字螺钉旋具装上进气软管的卡箍螺栓，如图 3-454 所示。

图 3-453　安装进气软管　　　　　图 3-454　装上卡箍螺栓

3）使用十字螺钉旋具拧紧进气软管的卡箍螺栓，如图 3-455 所示。

4）连接好进气软管上的空气管，如图 3-456 所示。

11. 检查节气门工作状况

起动发动机，检查发动机的怠速、加速是否正常，必要时进行节气门的匹配。

图 3-455　拧紧卡箍螺栓

图 3-456　连接好空气管

节气门的匹配：有些车辆在清洗节气门后，会出现高怠速、游车等现象，这时就需要对节气门进行匹配。车系不同，节气门的匹配方法也不一样。多数车系都采用自适应学习系统，即车辆在行驶一段里程后会自动恢复至正常工作状态，部分车型（如欧美车系等）则需要用专用解码器对其进行匹配，具体方法请参阅相关车型维修手册的操作流程。

起动发动机检查发动机的怠速、加速是否正常，必要时可进行路试检查，如图 3-457 所示。

图 3-457　怠速、加速运转

12. 关闭发动机舱盖

1）放下发动机舱盖的时候必需要将支撑杆放回原处，不然有可能会在关闭的时候会损坏汽车发动机舱盖，如果是自动液压杆就不用放回原处了，它可以实现自动升降，如图 3-458 所示。

2）关闭发动机舱盖，如图 3-459 所示。

注意：关闭时要稍微用力，才能将发动机舱盖完全锁住。

3）节气门清洗操作完成，如图 3-460 所示。

图 3-458　放下发动机舱盖

图 3-459 关闭发动机舱盖

图 3-460 操作完成

四 节气门的定期清洗有必要吗

不定期清洗节气门的危害是非常大的，如果节气门脏了的话，就会导致节气门的开度产生一定的误差，发动机燃烧室会进入有杂质的空气，前者会使得车辆的油耗增加，后者会使得发动机动力输出延迟，而且这两个结果都会导致发动机怠速不稳；高速行驶时会突然出现瞬间失速，动力下降等问题，严重时甚至会造成起动困难和增加油耗。所以，为了避免这些情况，就需要对汽车节气门进行定期的检查和清洗。

第十一节 蓄电池的充电与更换

蓄电池是将化学能直接转化成电能的一种装置，是可再充电的电池，通过可逆的化学反应实现再充电。汽车电池通常是指铅酸蓄电池，它是电池中的一种，属于二次电池。它的工作原理：充电时利用外部的电能使蓄电池内部的活性物质再生，把电能储存为化学能，需要放电时再次把化学能转换为电能输出。生活中常用的手机电池等也是此类型。

它用填满海绵状铅的铅基板栅（又称格子体）作负极，填满二氧化铅的铅基板栅作正极，并用密度 1.26～1.33g/mL 的稀硫酸作电解质。蓄电池在放电时，金属铅是负极，发生氧化反应，生成硫酸铅；二氧化铅是正极，发生还原反应，生成硫酸铅。蓄电池在用直流电充电时，两极分别生成单质铅和二氧化铅。移去电源后，它又恢复到放电前的状态，组成化学电池。铅酸蓄电池能反复充电、放电，它的单体电压是 2V，蓄电池是由一个或多个单体构成的电池组，最常见的是 6V、12V 蓄电池。家用小汽车上用的蓄电池（俗称电瓶）是 6 个铅酸蓄电池串联成的 12V 蓄电池组。

一 蓄电池的认识

蓄电池类型分为铅酸蓄电池、镍镉蓄电池、镍氢蓄电池、锂离子蓄电池和锂聚合物蓄电池等，汽车上常用的还是铅酸蓄电池，因为这款蓄电池的价格比较低，安装方便。

1. 铅酸蓄电池

铅酸蓄电池主要由管式正极板、负极板、电解液、隔板、电池槽、电池盖、极柱、注液盖等组成。

铅酸蓄电池放电状态下：正极主要成分为二氧化铅，负极主要成分为铅。

铅酸蓄电池充电状态下：正负极的主要成分均为硫酸铅。

汽车常用的铅酸蓄电池主要分为三类，分别为普通蓄电池（排气式蓄电池）、干荷蓄电池和免维护蓄电池。

（1）普通蓄电池（排气式蓄电池）

排气式蓄电池的电极是由铅和铅的氧化物构成的，电解液是硫酸的水溶液。它的主要优点是电压稳定、价格便宜；缺点是使用寿命短和日常维护频繁。老式普通蓄电池一般寿命在两年左右，而且需定期检查电解液的高度并添加蒸馏水。不过随着科技的发展，铅酸蓄电池的寿命变得更长，而且维护也更简单了。

排气式蓄电池最明显的特征是其顶部有可拧开的塑料密封盖，上面还有通气孔。这些注液盖是用来加注蒸馏水、检查电解液和排放气体之用的。按照理论上说，铅酸蓄电池需要在每次保养时检查电解液的密度和液面高度，如果有缺少需添加蒸馏水。

（2）干荷蓄电池

干荷蓄电池的全称是干式荷电铅酸蓄电池，它的主要特点是负极板有较高的储电能力，在完全干燥状态下，能在两年内保存所得到的电量，使用时，只需加入电解液，等过 20～30min 就可以使用。

（3）免维护蓄电池

随着蓄电池制造技术的升级，铅酸蓄电池发展为铅酸免维护蓄电池。免维护蓄电池由于自身结构上的优势，电解液的消耗量非常小，主要是利用正极产生氧气可在负极吸收达到氧循环，可防止水分减少。免维护铅酸蓄电池在使用寿命内基本不需要补充蒸馏水，它还具有耐振、耐高温、体积小、自放电小的特点。使用寿命一般为普通蓄电池的两倍。市场上的免维护蓄电池也有两种：第一种在购买时一次性添加电解液，在后续使用中不需要维护（添加补充液）；另一种是蓄电池本身出厂时就已经加好电解液并封死，用户根本就不能添加电解液。

铅酸蓄电池型号（中国标准），以型号 6-QAW-54a 为例：

1）6 表示由 6 个单格电池组成，每个为 2V，即额定电压为 12V。

2）Q 表示蓄电池用途，Q 为汽车起动用蓄电池。M 为摩托车用蓄电池、JC 为船舶用蓄电池、HK 为航空用蓄电池、D 表示电动车蓄电池、F 表示阀控型蓄电池。

3）A 和 W 表示蓄电池的类型，A 表示干荷型蓄电池，W 表示免维护型蓄电池，若不标，则表示为普通型蓄电池。

4）54 表示蓄电池的额定容量为 54A·h。

5）角标 a 表示对原产品的第一次改进，若为 b 则表示第二次改进，以此类推。

蓄电池在使用过程中要注意避免以下几点，蓄电池的使用寿命才会相应增加。

1）过度放电。

2）蓄电池长时间存放（在存放期间没有充过电）。

3）不能通过汽车发动机充电。

4）没有电解液。

5）电解液相对密度太高。

6）在高温条件下充电。

7）受污物污染（例如受到盐酸、海水、有机酸等污染）。

8）蓄电池充电时加上过大的电流。

9）电极板变形造成正极板与负极板互相接触，因而产生短路现象。

10）在极板上部及下部沉积有污物，引起短路。

2. 蓄电池的作用

铅酸蓄电池的构造主要有正（负）极板、隔板、电解液、槽壳、连接条和极桩等。它是一种将化学能转变成电能的装置，属于直流电源，它的作用有：

1）起动发动机时，给起动机提供强大的起动电流（一般高达200~600A）。

2）当发电机过载时，可以协助发电机向用电设备供电。

3）当发动机处于怠速时，向用电设备供电。

4）蓄电池还是一个大容量电容器，可以保护汽车的用电器。

5）当发电机端电压高于铅酸蓄电池的电动势时，将一部分电能转变为化学能储存起来，也就是进行充电。

二 蓄电池的维护保养相关知识

1. 当出现下列情况之一时蓄电池应进行充电：

1）电解液相对密度降至1.2以下。

2）冬季放电超过25%。

3）夏季放电超过50%。

4）车辆灯光暗淡。

5）发动机起动无力。

有的车主认为，快速充电可以节省时间，只需要3~5h。其实快速充电只是迅速把蓄电池表面激活，而实际上蓄电池内部是没有完全充满电的。

除了快速充电之外，还有一种为慢充电，充电时间为10~15h，那些深亏蓄电池就必须进行慢充电，否则充电时间不够，充电量不足，会直接影响到汽车的行驶性能。

2. 充电误区

（1）不进行初充电

蓄电池的首次充电称为初充电，初充电对蓄电池的使用寿命和电荷容量有很大影响。若充电不足，则蓄电池电荷容量不高，使用寿命也短；若充电过量，则蓄电池电压、容量等性能虽好，但会缩短它的使用寿命。所以，新蓄电池要小心谨慎地进行初充电。对于普通蓄电池在使用前一定要按充电规范进行初充电。对于干荷电铅酸蓄电池，按使用说明书，虽然在规定的两年储存期内若需使用，只要加入规定密度的电解液搁置30min，不需要充电即可投入使用。但是，如果储存期超过两年，由于极板上有部分氧化，为了提高其电荷容量，使用前应进行补充充电，充电 5～8h 后再用。

（2）不进行补充充电

有些驾驶员常忽视对在用车蓄电池的补充充电。由于蓄电池在车上充电不彻底，易造成极板硫化；同时，在使用中充、放电的电量是不平衡的，倘若放电大于充电而使蓄电池长期处于亏电状态，蓄电池极板就会慢慢硫化。这种慢性硫化，会使蓄电池电荷容量不断降低，直到起动无力，大大缩短蓄电池的使用寿命。为使蓄电池极板上的活性物质及时得到还原，减少极板硫化，提高蓄电池电荷容量，延长其使用寿命，对在用车蓄电池应定期进行补充充电。

（3）蓄电池过充电

蓄电池经常过量充电，即使充电电流不大，但电解液长时间"沸腾"，除了活性物质表面的细小颗粒易于脱落外，还会使栅架过分氧化，造成活性物质与栅架松散剥离。

（4）充电时极性充反

由于蓄电池正负极板材料不同，除了活性物质外，负极板还添加了硫酸钡、腐殖酸、炭黑和松香等材料，用来防止负极板收缩和氧化。另外，每个单格蓄电池的负极板数又总是比正极板数多一片，而且负极板比正极板略薄。当进行蓄电池的初充电或补充充电时，若不注意极性，会使蓄电池充反，使正、负极几乎都变成粗晶粒的 $PbSO_4$，造成蓄电池电荷容量不足，不能正常工作，甚至导致蓄电池报废。因此，充电时一定要注意极性，切不可极性充反。

3. 正确充电方法

当今汽车上的电动设备越来越多，车主在使用这些电动设备时，尽量不要让蓄电池超负荷工作。蓄电池的超负荷工作会减少蓄电池的寿命。掌握正确的蓄电池充电方法很重要。

首先，将蓄电池正极接电源正极，负极接电源负极。

然后，初充电分两个阶段进行：首先用初充电电流充到电解液放出气泡，单格电压升到 2.3～2.4V 为止。然后将电流降为 1/2 初充电电流，继续充到电解液放出剧烈的气泡，相对密度和电压连续 3h 稳定不变为止。全部充电时间约为 45～65h。

充电过程中应常测量电解液温度。用电流减半、停止充电或冷却的方法，将温度控制在 35～40℃，初充电完毕时，若电解液相对密度不合规定，应用蒸馏水或相对密度为 1.4 的电解液进行调整。调整后再充电 2h，直至相对密度符合规定时为止。

提示：蓄电池一般两、三年更换一次。正确的蓄电池保养方法能保持蓄电池的正常使用寿命，让蓄电池"电力十足"。

三 蓄电池的充电与更换过程

蓄电池的充电与更换包括蓄电池拆卸、蓄电池充电以及蓄电池安装三个方面。

1. 拆卸蓄电池

准备设备、工具及耗材：蓄电池充电机、万用表、蓄电池检测仪、常用拆装工具、工具车、抹布、砂纸、蓄电池、吹尘枪、维修防护三件套。

（1）打开发动机舱盖

1）扳动发动机舱盖锁机释放开关，如图3-461所示。

2）解开第二级锁钩，将发动机舱盖打开，如图3-462所示。

图3-461 扳动锁机释放开关

图3-462 打开发动机舱盖

3）发动机舱盖打开后，使用支撑杆支撑好，如图3-463所示。

4）安装汽车维修防护三件套（用于防止作业时身体或工具刮伤漆面造成不必要的损伤），如图3-464所示。

图3-463 撑好发动机舱盖

图3-464 安装防护三件套

（2）检查蓄电池

1）确定蓄电池在发动机舱位置（车型不同蓄电池所在的位置也有所不同），对蓄电池表面进行清洁，如图3-465所示。

2）使用万用表和测量仪检测蓄电池的电压（正常情况下，汽车起动前的蓄电池电压在11.8~12.8V之间，起动后的蓄电池电压在13.2~14.8V之间）及放电情况是否正常，确定蓄电池是否需要充电或更换，如图3-466、图3-467所示。

（3）拆卸蓄电池

图3-465 确定蓄电池位置

拆卸蓄电池前要拉起驻车制动器，变速器置于空档位置，将点火开关置于断开位置，灯光、空调等处于关闭状态，使全车用电设备与电源断开。

蓄电池拆卸时，必须要先拆负极后拆正极。因为蓄电池的负极电缆是接在车身上的，所以拆卸蓄电池电缆的顺序为先负后正。如果先拆卸蓄电池的正极电缆，有可能正极电缆端子接触到车身的其他部位造成短路,即使正极电缆端子没有这么长接触不到车身,但在拆卸的时候,使用维修工具的时候会碰到车身,一样会造成蓄电池短路。蓄电池短路十分的危险,轻者会造成蓄电池短路损坏,严重的话会引发汽车火灾,后果不堪设想。

图 3-466　测量蓄电池电压(一)

图 3-467　测量蓄电池电压(二)

为了便于区分,正极接线柱附近标有"+"或"P"记号,负极接线柱附近标有"-"或"N"记号,有些蓄电池正接线柱上有红色保护盖。

1)选择适用的工具拆卸蓄电池负极,并取出负极电缆,如图 3-468 所示。

注意:未读取发动机电控单元记录的故障码之前不能拆除蓄电池连接线;不能用拆除蓄电池连接线的方法来清除故障码。

维修带故障自诊断功能的电脑系统,在拆蓄电池电线前,应先确认故障码,或在点烟器上插上专用辅助电源,并将点火开关的"ACC"档接通。

2)拆卸蓄电池正极,并取出正极电缆,如图 3-469 所示。

图 3-468　拆卸负极

图 3-469　拆卸正极

注意:若发现蓄电池接线柱螺栓锈蚀难以取出,切莫用锤子或钳子敲打,以避免极桩断裂、极板活性物质脱落。可用热水冲洗后,拧开螺栓,用夹头拉器将夹头取下。

3)使用套筒扳手依次拆卸蓄电池固定支架的固定螺栓,如图 3-470、图 3-471 所示。

4)取出蓄电池固定支架,如图 3-472 所示。

5)取出蓄电池,如图 3-473、图 3-474 所示。

注意:取出蓄电池时应小心轻放、尽量用蓄电池提把进行搬运。

2. 蓄电池充电

(1)检查蓄电池

1)使用毛巾清洁蓄电池外表的灰尘及泥水,如图 3-475 所示。

图 3-470 固定支架的固定螺栓

图 3-471 拆卸固定螺栓

图 3-472 取出固定支架

图 3-473 取出蓄电池（一）

图 3-474 取出蓄电池（二）

图 3-475 清洁蓄电池

2）检查蓄电池外观有无破坏或裂纹，如图 3-476 所示。

3）检查蓄电池正、负极桩是否有烧蚀脏污或有氧化物，如有则用砂纸打磨干净，如图 3-477 所示。

图 3-476 检查蓄电池外观

图 3-477 检查正、负极桩

（2）蓄电池充电

1）将蓄电池充电线夹按照蓄电池的需要接到接线柱上。红色线夹接通蓄电池上的"＋"极，黑色线夹接通蓄电池上的"－"极，如图3-478、图3-479所示。

图 3-478　连接充电线夹（一）

图 3-479　连接充电线夹（二）

2）将充电机电源线正确连接到电源插座上，打开充电机电源开关，并调节电压开关旋钮到适当位置（12V），如图3-480、图3-481所示。

图 3-480　调节电压

图 3-481　充电电压

3）观察电流表指示，充电时电流应当为10～15A，过大会损坏蓄电池。工作时绿色指示灯亮，电流表的指示随着蓄电池的充满逐步减小，如图3-482所示。

4）充电完成后，将蓄电池和充电机断开连接，拆卸蓄电池极柱上的正极线夹，如图3-483所示。

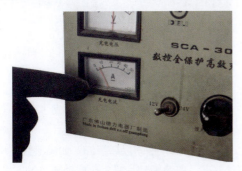
图 3-482　观察充电电流

图 3-483　拆卸正极线夹

5）拆卸蓄电池极柱上的负极线夹，如图3-484所示。

6）使用万用表测量蓄电池充满电后的电压是否正常（正常情况下，汽车起动前的蓄电池电压在11.8~12.8V之间，起动后的蓄电池电压在13.2~14.8V之间），如图3-485所示。

图3-484 拆卸负极线夹

图3-485 测量电压

7）使用测量仪测量蓄电池充满电后的情况是否正常，如图3-486所示。

注意： 如果蓄电池充电后检测结果还是不正常，必须更换新的蓄电池。

3. 安装蓄电池

1）将蓄电池放回原位，提取时要通过蓄电池把手进行，如图3-487所示。

注意： 安装蓄电池时，要平稳放置蓄电池。

2）拧紧蓄电池固定支架的固定螺栓，如图3-488、图3-489所示。

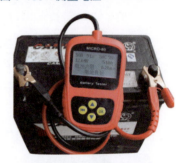

图3-486 测量蓄电池情况

图3-487 放入蓄电池

图3-488 拧紧固定螺栓

注意： 蓄电池安装时要先对蓄电池进行固定，后安装蓄电池电缆。

3）先安装蓄电池正极端子，并拧紧固定螺栓，安装蓄电池电缆时，应认清正、负极，保证负极搭铁（正极接线柱附近标有"+"或"P"记号，负极接线柱附近标有"-"或"N"记号，有些蓄电池正接线柱上涂有红色油漆）。电缆安装顺序为先正后负，如图3-490所示。

注意： 连接接线柱时，螺栓上应先涂润滑脂，以防氧化生锈，便于以后拆卸。如果接线柱小夹头大，需要加衬垫时，最好使用铅皮或铜皮，并且只垫半圈。若整圈垫，易氧化腐蚀而接触不良。

4）安装蓄电池负极，如图3-391所示。

5）安装完成，检查确保两个极柱安装牢固无松动，如图3-392所示。

图 3-489　固定支架

图 3-490　连接正极

图 3-491　连接负极

图 3-492　安装完成

6）起动发动机测量蓄电池及发电机的工作情况（测量电压结果如果低于 13V，说明发电机不发电，应该维修或更换发电机系统），如图 3-393、图 3-394 所示。

图 3-493　起动发动机

图 3-494　测量蓄电池电压

7）取下汽车维修防护三件套，并关闭发动机舱盖，如图 3-495、图 3-496 所示。

图 3-495　取下防护三件套

图 3-496　关闭发动机舱盖

四、有关蓄电池在使用及保养方面需要注意的一些问题

1. 常见问题

1）蓄电池长期不用，它会慢慢自行放电，直至报废。因此，每隔一定时间就应起动一次汽车，给蓄电池充电。另一个办法就是将蓄电池上的两个电极拔下来，需注意的是从电极柱上拔下正、负两根电极线时，要先拔下负极线，或卸下负极和汽车底盘的连接。然后，再拔去带有正极标志（+）的另一端，蓄电池有一定的使用寿命，到一定的时期就要更换。在更换时同样要遵循上述次序，不过在把电极线接上去时，顺序则恰恰相反，先接正极，然后再接负极。

2）当电流表指针显示蓄电量不足时，要及时充电。蓄电池的蓄电量可以在仪表板上反映出来。有时在路途中发现蓄电量不够了，发动机又熄火起动不了，作为临时措施，可以向其他的车辆求助，用它们车辆上的蓄电池来发动车辆，将两个蓄电池的负极和负极相连，正极和正极相连。

3）电解液的密度应按照不同的地区、不同的季节，按照标准进行相应调整。

4）在缺少电解液时应补充蒸馏水或专用补充液。切忌用饮用纯净水代替。因为纯净水中含有多种微量元素，会对蓄电池造成不良影响。

5）在起动汽车时，不间断地使用起动机，会导致蓄电池因过度放电而损坏。正确使用方法是每次起动车的时间总长不超过5s，再次起动间隔时间不少于15s。在多次起动仍不着车的情况下，应从电路、点火线圈或油路等其他方面找原因。

6）日常行车时应经常检查蓄电池盖上的小孔是否通气。倘若蓄电池盖小孔被堵，产生的氢气和氧气排不出去，电解液膨胀时，会把蓄电池外壳撑破，损坏蓄电池。

7）检查蓄电池的正、负极有无被氧化的迹象。有被氧化的迹象时可以用热水浇在蓄电池的电线连接处，并用铜丝刷清理干净，并涂上润滑脂。

8）检查电路各部分有无老化或短路的地方。防止蓄电池因为过度放电而损坏。

9）蓄电池禁止亏电存放，若用完了闲置几天再充电，极板易出现硫酸盐化，导致容量下降。

10）冬季蓄电池容量随气温的降低而下降这是正常现象，以20℃时的容量为100%，一般-10℃时的容量只有80%。

11）蓄电池组若发生故障，请将其送交授权厂家处或有关机构妥善处理。请不要随意丢弃以免造成环境污染。

2. 蓄电池的使用误区

（1）蓄电池电荷容量与发动机不匹配

必须根据发动机类型和使用条件合理选用蓄电池的电荷容量，这是提高蓄电池经济性，延长蓄电池使用寿命的重要途径之一。起动机起动发动机时，蓄电池输出的电流很大，在一般情况下为150～200A，在低温（-10℃）起动时输出的电流高达250～300A。如果蓄电池电荷容量与发动机不匹配，蓄电池电荷容量偏小，则在起动阻力大时，小电荷容量的蓄电池在剧烈放电的情况下，势必会加速蓄电池内的活性物质与硫酸的反应，使蓄电池温度升高，极板因过负荷而弯曲，结果造成活性物质大量脱落，极板早期损坏，从而使蓄电池寿命大大缩短。如果蓄电

池电荷容量偏大，虽然不会发生上述问题，但不能充分利用其中的活性物质，使蓄电池经济性下降。因此蓄电池的电荷容量，一定要与发动机相匹配。通常蓄电池电荷容量的选择，应根据起动机功率、电压和用电设备的负荷而定。

（2）蓄电池并联混用

有些驾驶员在起动发动机时，因为原有的蓄电池存电不足，就并联上一只充足电的蓄电池共同使用。实际上并联后充足电的蓄电池会以很大的充电电流向存电不足的蓄电池充电，极易造成极板活性物质脱落，影响其使用寿命。同时，蓄电池并联后并不能提供给起动机很大的起动电流，更不利于发动机的起动。正确的方法应当是把存电不足的蓄电池拆下，换上充足电的蓄电池，然后再起动发动机。

（3）蓄电池串联混用

在蓄电池使用中，有时会出现新、旧蓄电池串联使用的现象，殊不知，这种做法会缩短蓄电池的使用寿命。因为新蓄电池内的化学反应物质较多，电压较高、内阻较小（12V 新蓄电池内阻只有 $0.015 \sim 0.018\Omega$）；而旧蓄电池电压较低，内阻较大（12V 旧蓄电池的内阻在 0.085Ω 以上）。如果将新、旧蓄电池串联混用，那么在充电状态下，旧蓄电池两端的充电电压将高于新蓄电池两端的充电电压，结果造成新蓄电池充电尚未充足，而旧蓄电池充电早已过高；在放电状态下，由于新蓄电池的电荷容量比旧蓄电池的电荷容量大，结果造成旧蓄电池过量放电，甚至造成旧蓄电池反极。因此对蓄电池绝不能新、旧混用。

另外，不同电荷容量的蓄电池也不能串联混用，因为两种电荷容量不同的蓄电池串联使用时，往往会使电荷容量小的蓄电池过充电或过放电，缩短其使用寿命。

（4）柴油车蓄电池单格损坏仍继续使用

由于柴油发动机压缩比较大，所需起动转矩也较大，所以一般柴油机均采用24V 电压起动，以提高起动机的功率，但发电机和全车用电设备仍用 12V 电压，因此柴油车电路中装有电压转换开关，起动时转换开关将两只 12V 蓄电池串联工作，以 24V 电压供电，在非起动状态时，转换开关又将两只蓄电池恢复为并联工作，以满足 12V 电压的需要。但当其中一只蓄电池某单格损坏时，有些驾驶员便将其短路后继续使用，这样由于两只蓄电池端电压不等，会造成较大的放电电流和充电电流，导致蓄电池和发电机损坏，因此柴油车上的蓄电池单格损坏后应立即更换或修理，不可将单格蓄电池短路后继续使用。

（5）忽视疏通通气孔

蓄电池在充放电过程中会产生氢气和氧气，尤其在过充电时，水被电解而产生大量的氢气和氧气。蓄电池加液孔盖上的通气孔就是用来散发这些气体的。平时如果忽视通气孔的疏通，造成通气孔阻塞，蓄电池在化学反应时产生的热量和气体无法散发，会使蓄电池内部温度和压力不断升高，最终导致蓄电池爆炸。因此，在日常维护中应注意疏通通气孔，防止脏物堵塞通气孔。

3. 蓄电池的检查与调整误区

（1）电解液密度"宁大勿小"

有些驾驶员认为，电解液密度越大，蓄电池的放电程度就越低，蓄电池的端电压就越高，电荷容量就越大，并且可防止冬季电解液结冰而冻坏蓄电池，因而在调整电解液密度时，不仅使原始电解液密度高于规定值，而且在正常使用中需补加蒸馏水时也习惯补加一些不同密度的电解液，结果使电解液密度越来越高。其实这种做法是非常错误的。

电解液密度作为衡量蓄电池放电程度的一个重要标志，是以原始电解液密度已经确定为前提的，补加不同密度的电解液，只意味着提高原电解液的密度，即使测得的电解液密度较高也不能说明其放电程度就低；提高电解液密度可以提高蓄电池端电压和电荷容量，但这是相对而言的，一方面提高电解液密度可以提高蓄电池的电动势，使其端电压和电荷容量增加，但另一方面电解液密度过大，电解液黏度增加、内阻增大，使其渗透能力降低，反而会使蓄电池端电压和电荷容量下降，而且电解液密度过大还会造成极板硫化和隔板腐蚀等多种问题，使蓄电池的使用寿命降低。

（2）忽视电解液液面高度的检查

应定期检查蓄电池电解液液面高度。若电解液数量不够，会导致极板上部与空气接触而硫化，降低蓄电池的电荷容量，缩短其使用寿命。一般在冬天半个月检查1次，夏天高温水易蒸发，应每周检查1次。电解液液面高度一般为高出极板防护网10～15mm的下限标记，所以电解液液面只要在规定范围内即可，虽然使用中不需要添加蒸馏水，但也应结合汽车定期维护检查电解液液面高度，不符合要求时应进行调整。

（3）电解液液面"宁高勿低"

有些驾驶员在给蓄电池加注电解液或补加蒸馏水时，对其液面高度往往采取"宁高勿低"的错误做法。电解液液面过高，在车辆行驶过程中，电解液很容易从通气孔溢出而腐蚀极柱，造成极柱接触不良或早期损坏。聚积在蓄电池盖上的电解液会使正、负极柱连通而构成回路，致使蓄电池自行放电。同时，电解液液面过高会造成蓄电池内部压力过大，严重时还会造成蓄电池爆炸。

（4）随意添加蒸馏水

在蓄电池日常维护中，当电解液不足时，一般应补加蒸馏水。但有时电解液减少是由于蓄电池壳体破损出现裂缝，或加液孔盖扣不严使电解液泄漏而造成的。而有些驾驶员往往在检查液面高度时不注意区分是因蓄电池壳体破损或其他原因造成电解液泄漏，还是正常损耗，只要电解液液面一降低就加蒸馏水，结果造成电解液密度明显降低，使蓄电池不能正常工作。还有些驾驶员常常在收车后添加蒸馏水，结果所添加的蒸馏水不能与蓄电池原电解液充分混合，因而极易使蓄电池产生自行放电或损坏蓄电池极板，在严寒地区还会造成蓄电池局部结冰现象，影响蓄电池的使用寿命。反之，若在出车前给蓄电池添加蒸馏水，由于汽车在行驶中发电机不断给蓄电池充电，可使所加的蒸馏水与蓄电池内原电解液充分混合，蓄电池性能不会受影响。因此应在出车前添加蒸馏水，而不宜在收车后添加蒸馏水。

（5）随意添加电解液

在汽车使用过程中，经常遇到蓄电池使用一段时间后，出现存电不足、电解液密度减小或缺水的现象。有些驾驶员不懂蓄电池的技术性能，误认为只要添加电解液就可以使其恢复工作能力。殊不知，这样会导致蓄电池电解液密度不断升高，这不但会使其内阻增大，电压迅速下降，而且还会因电解液黏度增加，渗透能力变差，使蓄电池电荷容量降低。在使用过程中，电解液密度减小并不是硫酸消耗了，而是随着放电的进行，存电量的减小，硫酸逐渐转移到两极板上，与活性物质生成硫酸铅，使电解液密度减小，放电越多电解液密度越小。因此当蓄电池电解液密度下降时，应及时对蓄电池进行补充充电，切勿随意添加电解液。

第十二节　气缸压力的测量

气缸压力指发动机压缩行程终了时气缸内的气体压力。在一定的压缩比、转速和温度状态下，气缸压力与机油黏度、气缸活塞组的技术状况、配气机构调整的正确性及气门、气缸垫的密封性等有关。气缸压力是判断发动机气缸密封性的主要依据，通过测量气缸压力可以诊断气缸工作性能。气缸压力不是固定不变的，不同车型发动机在不同转速、不同工况下，发动机气缸压力也不一样。如果气缸压力不足，会出现发动机无法起动或工作不良等故障现象。

一、造成气缸压力降低的主要因素

气缸的压缩压力对发动机性能影响极大，若气缸压力达不到要求，发动机的一切性能指标也都不会达到规范。气缸压力降低，会导致发动机动力性、经济性下降、汽车行驶无力、油耗增加、起动困难等故障。

1）金属零件由于在高温下摩擦引起自然磨损，使活塞配缸间隙增大，密封不良。

2）燃烧气体的酸性物质对缸壁腐蚀，空气中灰尘、燃油和机油中的机械杂质及不完全燃烧生成积炭，对活塞、活塞环、气缸产生异常磨损而密封不严。

3）活塞环卡死在环槽内，积炭过多，不能灵活转动，工作不良，当吸入混合气压缩时，通过间隙漏入曲轴箱。

4）气门间隙失准（或调整不当），进排气门不能按规定的时间开闭，因而进气不足，废气排不尽、功率不足。

5）气门密封不良，气门烧蚀后，发动机压缩时漏气，必要的压缩压力建立不起来，因而发动机工作时就会感到功率不足。

6）气缸衬垫烧蚀，气缸盖下平面拱曲变形，缸盖螺栓拧紧力矩不够（或松动），均会导致漏气而缸内压力不足。

二、气缸压力过高或者过低对发动机有什么影响

1. 不良影响

1）发动机气缸压力过低，会造成发动机动力下降，燃油或机油消耗量增加，排放超标，起动困难；

2）发动机气缸压力过高，会造成发动机工作爆燃，起动困难；

3）发动机各缸压力不均，会造成发动机运转粗暴或缺缸。

2. 气缸压力过高的原因

气缸压力过高的原因主要是燃烧室积炭过多，或修理时气缸体、气缸盖结合面磨削过多，导致燃烧室容积过小，压缩比过高。

在正常情况下，气缸沿工作表面在活塞环运动区域内的磨损是沿高度方向呈上大下小的不规则锥形。磨损的最大部位是活塞在上止点位置时，第一道活塞环相对应的缸壁。而活塞环与缸壁不接触的上口几乎没有发生磨损而形成明显的缸肩。

磨损上大下小的原因

1）机械磨损：活塞位于上止点时，高温燃气爆发压力最大，致使活塞环对气缸壁的正压力加大，摩擦力也加大，润滑油膜被破坏，第一道活塞环对应的气缸壁磨损最为严重。

2）腐蚀磨损：混合气燃烧生成的有机酸和酸性氧化物（溶于水生成矿物酸）。对气缸表面产生腐蚀作用，造成腐蚀磨损。气缸体上部不能完全被润滑油膜覆盖，腐蚀作用更加严重。

3）磨料磨损：空气中的尘埃、机油中的机械杂质、发动机中的磨屑等进入气缸壁间造成磨料磨损。空气中的尘埃被吸入气缸上部，其棱角锋利，因而气缸上部磨损也最大。

4）腰鼓变形的原因：在风沙严重的地区，大量灰尘进入气缸后，由于活塞在气缸中部运动速度最大，磨料磨损最严重。

3. 气缸压力过低

气缸压力过低，意味着气缸密封性降低，会导致发动机动力性、经济性下降，引起汽车行驶无力、油耗增加、起动困难等一系列故障。若个别气缸压力不足会使发动机运转不稳定，费油，功率降低。

造成气缸压力过低的主要原因有：

1）活塞环的侧隙、口端隙过大，或气体开口的迷宫路线变短，或活塞环的第一道密封环被磨损后，密封性变差。

2）活塞与气缸磨损过大使配缸间隙增大；活塞在气缸内运动摇摆，影响活塞环与气缸的良好贴合密封。

3）因活塞环结胶、积炭而卡在活塞环槽内使环的自身弹性不能发挥，失去了气环与气缸壁的第一密封面。

4）气缸拉伤，当气缸拉伤后，使活塞环与气缸的密封被破坏，造成气缸压力低；装用了不匹配的活塞。如有的发动机选用的活塞顶部凹坑深度不一，用错后将影响气缸压力。

5）气缸垫冲坏，气门座圈松动，气门弹簧折断或弹力不足，气门与气门导管因积炭或间隙过小，使气门上下运动受损等，导致气门密封不严。

6）正时齿轮安装错误，齿轮键槽不正确，正时齿轮损坏或磨损过甚，凸轮轴正时齿轮上的轮廓与轮松动等，导致配气相位不正确。

7）使用了不匹配的气缸盖，如有的气缸盖燃烧室容积可能不同，若装错会影响气缸压力；进排气门间隙调整不当，或与气门座密封不严，或测试气缸压力时操作不当。

三 发动机气缸压力不足故障的主要原因

通过检测气缸压力，可以诊断气缸、活塞组的密封情况，活塞环、气门、缸垫等密封是否良好，以及气门间隙调整是否适当等。

气缸密封性与气缸体、气缸盖、气缸垫、活塞、活塞环和进排气门等零件的技术状况有关。在发动机使用过程中，由于这些零件磨损、烧蚀、结焦或积炭，将导致气缸密封性下降，使发动机功率下降，燃油消耗率增加，使用寿命大大缩短。气缸密封性是表征发动机技术状况的重要参数。

在不解体的条件下，检测气缸密封性的常用方法有：测量气缸压缩压力，测量曲轴箱窜气量，测量气缸漏气量或气缸漏气率，测量进气管负压等。在就车检测时，只要进行其中的一项或两项，就能确定气缸密封性的好坏。

四　气缸压力测量

气缸压力的测量主要过程包括了拆卸附件、测量气缸压力、安装附件三个方面。

1. 拆装附件

准备工具、用品：拆装工具套装、磁棒、维修防护三件套

（1）打开发动机舱盖

1）打开车门，在驾驶员位置找到发动机舱盖锁机开关，扳动发动机舱盖锁机释放开关，因车型不同发动机舱盖开关位置也不同，如图3-497所示。

2）然后扳动发动机舱盖二级锁钩，将发动机舱盖打开，如图3-498所示。

图3-497　扳动锁机释放开关

图3-498　打开发动机舱盖

注意：发动机舱盖二级锁有多种形式，根据车型来定。如：向上抬、向左、往后拉等形式。

3）发动机舱盖打开后，用支撑杆支撑好。发动机舱盖支撑方式有两种，一是图3-499中的方式，另一种是自动支撑，不需要放置支撑杆，如图3-499所示。

标准：发动机机舱盖支撑完好，不会掉落。

4）安装翼子板布，安装前格栅布，安装车外防护三件套目的是为了防止在操作时身上的金属件（拉链）或者硬物件（皮带扣、戒指等）刮花漆面，如图3-500所示。

（2）发动机预热

1）起动发动机，接通点火开关（热车），让发动机运转2～5min（发动机热车），目的是为了让气缸压力测量值更准确，如图3-501所示。

3）起动时挂空档和拉起驻车制动器。预热完成后关闭发动机，拔出点火钥匙关闭车门。

注意：不能在冷车时测量气缸压力，也不能挂入档位进行检查，由于温度和大气压等因素的影响，只有在发动机达到正常的工作温度时测得的缸压，才具有实质性的参考价值，如图3-502所示。

图 3-499　撑好发动机舱盖

图 3-500　安装防护三件套

图 3-501　起动发动机

图 3-502　关闭发动机

注意：操作过程中车辆不能因起动发动机而移动，如果车辆移动可能会造成安全事故。

（3）拆卸点火线圈、火花塞

1）确定火花塞位置，火花塞安装在气缸盖中间位置（有些发动机火花塞在气缸侧面），如图3-503所示。

2）先将发动机护板拆卸后再拆卸点火线圈插头，点火线圈插头是卡扣，拔出即可，如图3-504所示。

3）使用内六星扳手拆卸点火线圈上的固定螺钉。因车型不同点火线圈也不同，有的点火线圈可以直接拔出，如图3-505所示。

4）取出点火线圈，然后将点火线圈放置在工具车上，如图3-506所示。

图 3-503　确定火花塞位置

图 3-504　拆卸点火线圈插头

图 3-505　拆卸点火线圈固定螺钉

图 3-506　取出点火线圈

5）用火花塞专用套筒配合接杆以及棘轮扳手拆卸所有气缸的火花塞，如图 3-507 所示。

6）用磁棒或火花塞专用套筒，取出发动机各气缸内的火花塞，并放置工具车中抹布上，（以防止损坏火花塞），或用高压线取出火花塞，如图 3-508、图 3-509 所示。

7）用抹布盖住火花塞安装孔，以免灰尘以及其他异物飞入进去，如图 3-510、图 3-511 所示。

图 3-507　拆卸火花塞

图 3-508　取出火花塞

图 3-509　拆卸的火花塞

图 3-510　遮蔽火花塞安装孔（一）

注意：在拆装发动机火花塞时，应注意防止异物进入发动机内部，造成发动机的损坏。

8）找到喷油器位置，然后拆卸所有缸喷油器线束插头（防止喷油，喷油会影响测量气缸压力的数值），每个缸的喷油器线束插头都要拆卸，如图 3-512 所示。

图 3-511　遮蔽火花塞安装孔（二）　　　　图 3-512　拆卸喷油器线束插头

2. 测量气缸压力

准备工具：气缸压力表

1）安装气缸压力表，将气缸压力表接头接入火花塞口处，将螺纹拧紧或将压力表橡胶耐火锥紧紧压住火花塞孔，如图 3-513 所示。

注意：测试时，应注意远离发动机的外部运转零件以及灼热的部位，以免造成人身伤害。

2）起动发动机观察气缸压力表读出数值，记录气缸压力表上面的数值，测量每缸压力时，先经过不少于 4 次的压缩行程，如图 3-514 所示。

图 3-513　安装气缸压力表　　　　　　　图 3-514　测量气缸压力（一）

注意：测试气缸压力中起动机运转时间不能过长或过短。时间过长会过多消耗电能和损害起动机，过短则会达不到测试标准。

3）按下压力表下方的泄压按钮，使指针归零。然后，按上述方法依次检测各个气缸，并记录测量结果，如图 3-515 所示。

标准：测量每缸压力时，先经过不少于 4 次的压缩行程。

4）按上述方法再次检测各个气缸，每个气缸的测量次数应不少于两次，然后计算出各缸的平均值即为气缸压力值，如图 3-516 所示。

注意：测试时，应注意远离发动机的外部运转零件以及灼热的部位，以免造成人身损伤。

图 3-515　测量气缸压力（二）

图 3-516　测量气缸压力（三）

3. 安装附件

1）测量完成后用专用火花塞套筒将火花塞安装好，如图 3-517 所示。

2）安装点火线圈，用内六角扳手将点火线圈固定螺钉安装紧固，如图 3-518 所示。

图 3-517　安装火花塞

图 3-518　安装固定螺钉

3）安装点火线圈线束插头，如图 3-519 所示。

4）安装喷油器线束插头，如图 3-520 所示。

图 3-519　安装点火线圈线束插头

图 3-520　安装喷油器线束插头

5）取下车外防护三件套然后摆放整齐，如图 3-521 所示。

6）操作完成，关闭发动机舱盖，整理场地、收拾工具，如图 3-522 所示。

图 3-521　取下外防护三件套

图 3-522　关闭发动机舱盖

五　气缸压力测量的原则及相关知识

1. 测量气缸压力的原则

1）测量气缸压力前，必须断开点火和喷油电路。

2）火花塞全部拆除。

3）发动机转速必须在 300r/min 以上。

4）节气门必须全部打开。

5）每缸测量不得少于 2 次，取平均值。

6）发动机运行期间禁止测量气缸压力。

2. 怎样读取气缸压力表的数值？

先看表盘上压力单位是什么，有的用"MPa"；有的用"Bar"；有的是"kPa"等。再看标有数字的二个大刻度间是多少数值；再看每个大刻度中有几个小分格，数值除以小刻度个数就知道每小格是多少值。需要注意的是，看的时候要看指针最前端的位置，因为指针有一定的宽度。

3. 气缸压力不足会有什么现象？

发动机缸压不足会造成发动机起动困难、动力不足、运转时抖动、油耗增加、尾气排放不达标等现象。正常情况下，由起动机带动测量气缸的压力应该有 8MPa 以上。造成发动机气缸缸压不足的原因有以下四点：

（1）活塞环磨损严重，密封效果下降

其中，活塞环磨损引发的缸压不足是老车比较常发生的情况。活塞环一般有三道，两道气环一道油环。气环的作用是阻隔混合气窜入到曲轴箱中，而油环的作用是将曲轴甩上来的机油分布到气缸壁上用以润滑，减少气缸壁和活塞环的磨损。

（2）气缸壁拉伤、不平等异常磨损

气缸壁拉伤是由于积炭或者其他异物进入到气缸，随着活塞运动刮擦气缸壁导致的。拉缸的刮痕可能不足头发丝直径的五分之一大小，但足以让混合气窜入曲轴箱。

（3）气门座、火花塞座密封不严

火花塞座密封不严的情况多是因为安装火花塞时力矩过大导致螺纹受损，现在的发动机都是采用铝制气缸盖,所以更容易伤害到螺纹。气门座密封不严多是因为积炭引起的,积炭会依附在气门上,从而导致气门无法与气门座紧密闭合,在活塞上行时就会导致缸压不足和漏气,严重的可以看到节气门喷火。

(4)气缸垫受损

气缸垫的作用是让相邻两个气缸能够保持相互独立,如果气缸垫受损,两个气缸就相当于连通了,缸压自然会不足。此外,气缸垫受损还可能导致机油和冷却液混合,以及机油跑到气缸中燃烧。

第十三节　减振器的更换

在现代汽车工程中,随着车速的日益提高,对车辆高平顺性、高舒适性的要求越来越高。当车辆运行中由地面干扰引起的冲击或振动通过车轮传递时,悬架对车身是一个有效的隔振装置,与悬架匹配良好的减振器,可以将90%以上的振动能量阻尼。因此,减振器与悬架的良好匹配及其自身稳定而可靠的工作质量,对悬架性能的优劣至关重要。

一、减振器对汽车的影响

为了使车架与车身的振动迅速衰减,改善汽车行驶的平顺性和舒适性,汽车悬架系统上都装有减振器,汽车上广泛采用的是双向作用筒式减振器。减振器是汽车使用过程中的易损配件,减振器工作好坏,将直接影响汽车行驶的平稳性和其他机件的寿命,因此必须使减振器经常处于良好的工作状态。

对汽车平顺性的影响:所谓汽车平顺性是指汽车正常使用时,不因行驶过程中所产生的振动与冲击使人体感到不舒适、疲劳甚至损害健康的性能。对于货车还包括不致使货物因振动和冲击损坏。舒适性:指为乘员提供舒适、愉快、便利的乘坐操作环境和条件的性能。平顺性与舒适性的区别:舒适性不仅包括了平顺性,还包括了低噪声、适宜的空气调节、良好的乘坐性能、良好的驾驶操作性能等要求。

汽车悬架的主要作用是保证汽车的平顺性,减振器的作用则是与弹性元件匹配协调使悬架能尽可能地发挥其作用。

对汽车行驶安全性的影响:汽车能安全行驶的前提是轮胎与道路路面正常稳定地贴合,这样才能提供必要的附着力使汽车按需要转向或制动。当汽车剧烈振动或高速越过不平整路面时,轮胎的高频振动会大大减少轮胎对地面的压力,甚至会使轮胎离开地面,影响行驶安全性。减振器不仅能阻尼悬架的低频振动,还能缓冲车轮的高频振动,减少车轮的动负荷,以提高汽车行驶安全性。失效的减振器可使制动距离增大10%～20%,会造成制动跑偏、车辆侧翻、驾驶困难、悬架系统损坏(特别是使用了劣质产品)、加剧轮胎的磨损、会使减振弹簧折断,失效的减振器会影响乘客舒适性,或造成货物损坏。

对操作稳定性的影响:匹配良好的减振器可以使车轮的运动行程减少,因而间接有利于改善汽车的操纵性稳定性。

对汽车燃料经济性的影响：汽车在经济时速行驶时能得到最好的燃料经济性，但很多地区道路条件使汽车低于经济车速行驶，提高汽车的平顺性能使汽车的平均车速接近于经济车速，从而提高了汽车的燃料经济性。平顺性良好的悬架能使汽车各承载零部件的动负荷减少，提高了汽车的寿命，良好的减振器还可以有效抑制某些车身噪声。

二 减振器的作用及分类

1. 减振器的作用

减振器是用来抑制弹簧吸振后反弹时的振荡及来自路面的冲击。它广泛用于汽车，用来加速车架与车身振动的衰减，以改善汽车的行驶平顺性。在经过不平路面时，虽然吸振弹簧可以过滤路面的振动，但弹簧自身还会有往复运动，而减振器就是用来抑制这种弹簧跳跃的。

2. 减振器的分类

汽车减振器种类有很多，从产生阻尼材料划分，减振器主要有液压和充气两种，还有一种可变阻尼的减振器；从结构划分则分为单筒和双筒两种。

1）液压式减振器：汽车悬架系统中广泛采用液压减振器。其原理是，当车架与车桥做往复相对运动而活塞在减振器的缸筒内往复移动时，减振器壳体内的油液便反复地从内腔通过一些窄小的孔隙流入另一内腔。此时，液体与内壁的摩擦及液体分子的内摩擦便形成对振动的阻尼力。液压式减振器的特点：阻尼油沸点低，对高温敏感；日常行驶使用；强调行驶舒适；城市使用；适合短途行驶。

2）充气式减振器：充气式减振器是20世纪60年代以来发展起来的一种新型减振器。它的结构特点是在缸筒的下部装有一个浮动活塞，在浮动活塞与缸筒一端形成的一个密封气室中充有高压氮气。在浮动活塞上装有大断面的O形密封圈，它把油和气完全分开。工作活塞上装有随其运动速度大小而改变通道截面积的压缩阀和伸张阀。当车轮上下跳动时，减振器的工作活塞在油液中做往复运动，使工作活塞的上腔和下腔之间产生油压差，压力油便推开压缩阀和伸张阀而来回流动。由于阀对压力油产生较大的阻尼力，使振动衰减。

充气式减振器的特点：高压空气对温度不敏感；适合运动和比赛驾驶；路感清晰，操控感好；适合长途行驶。

3）复筒式减振器：复筒式减振器的结构，由内外两个筒所组成，所以称之为复筒。复筒的底部有阀门连接外筒和内筒。外筒上部的是低压气体。

伸长运动时，活塞上室受到加压，油让伸展侧（活塞下侧）的总成受到加压而弯曲并渐渐发生减衰，往活塞下室流去。由于这时轴从筒身中的油里退出，使活塞下室中与轴相当体积的油量不足，这不足的油量就由储存室流出补充。这时固定阀门总成几乎不会发生减衰力。

缩短运动时，活塞下室受到加压，油让缩短侧（活塞上侧）的总成受到加压而弯曲并渐渐发生减衰力，往活塞上室流去。另外，受到加压的活塞下的油将固定阀门总成推开，一边发生减衰力一边流向储存室。

复筒式减振器的优点：制造成本便宜；因为是二重构造，可以容许外侧筒身少许的变形；构造上有充分的长度，所以可以确保足够的冲程。

复筒式减振器的缺点:过度倾斜时无法使用;构造上气室的容积较小,气室容积变化(压力变化)较大,容易超越油封的耐压性能;气体和油并未分离,容易发生液体中混入空气的情形。想提高运动性能而提升减衰力,容易发生减压沸腾,因此不容易产生稳定的减衰力;活塞径没有办法增大,所以不容易做细微的减衰力调整。

复筒式减振器因为性价比良好,因此很多汽车的减振器皆采用这种结构。

4)单筒式减振器:与双筒式相比,单筒式减振器结构简单,减少了一套阀门系统。它在缸筒的下部装有一个浮动活塞(所谓浮动即指没有活塞杆控制其运动),在浮动活塞的下面形成一个密闭的气室,充有高压氮气。上面提到的由于活塞杆进出油液而造成的液面高度变化,就通过浮动活塞的浮动来自动适应之。除了上面所述两种减振器外,还有阻力可调式减振器。它可通过外部操作来改变节流孔的大小。最近的汽车将电子控制式减振器作为标准装备,通过传感器检测行驶状态,由计算机计算出最佳阻尼力,使减振器上的阻尼力调整机构自动工作。

国内的汽车悬架,广泛采用的是筒式液压减振器,减振器内的工作介质是某种油液,严格地讲应该称之为液体紊流阻尼器。液体紊流阻尼器是迄今为止在技术上颇为成熟的一种减振器。从阻力和吸收能量方面进行比较,它重量轻、外形小,能获得比较稳定的阻力,并且可以按需要决定工作速度与阻力的函数关系。

减振器是集中了机械、液压,电子控制、密封等技术的系统化产品。它是汽车使用过程中的易损配件,减振器工作好坏,将直接影响汽车行驶的平稳性和其他机件的寿命,因此应使减振器经常处于良好的工作状态

车辆在行驶中遇到不平路面时,路面的冲击力由车轮通过悬架系统传递给车身,使车身振动,若悬架系统内部没有减振器装置,则车身振动将持续很久。为了使振动迅速衰减,在悬架系统中加装减振器,振幅衰减的程度随阻尼系数而定。减振器的功能就是使车辆在行驶中产生的振动迅速减弱。

三 减振器的更换过程

减振器的更换包括拆卸减振器、分解减振器以及安装减振器三个方面。

1. 拆卸减振器

准备工具、用品:拆装工具套装、梅花扳手、扭力扳手、车外防护三件套

(1)打开发动机舱盖。

打开汽车发动机舱盖并支撑好,安装车外防护三件套。防止在作业时弄脏或损伤漆面,如图 3-523 ~ 图 3-525 所示。

(2)拆卸车轮

参照本章第五节拆卸车轮。

图 3-523 打开发动机舱盖

图3-524 撑好发动机舱盖

图3-525 安装防护三件套

（3）拆卸减振器

1）从减振器卡扣上拆开制动油管，防止拆卸减振器时损坏油管，如图3-526所示。

注意：拆卸时要防止对制动油管造成损伤。

2）用梅开扳手将减振器与稳定杆球头连接处的固定螺母拆卸下来，如图3-527所示。

图3-526 拆开油管

图3-527 拆卸固定螺母

3）用手向后推横向稳定杆球头，取出横向稳定杆球头，如图3-528所示。

4）拆卸减振器下端与转向节连接的两颗螺栓，根据需要优先选用梅花扳手或套筒扳手拆卸。若螺栓比较紧，不好取下时，可用工具撬松螺栓，如图3-529～图3-531所示。

5）取出减振器两颗固定螺栓，放置在螺栓盒中，便于安装时使用，如图3-532所示。

6）用内星形扳手配合梅花扳手将减振器塔顶的固定螺母拆下，不同的减振器拆卸方法有所不同，如图3-533所示。

图3-528 取出横向稳定杆球头

图3-529 拆卸固定螺栓（一）

图 3-530　拆卸固定螺栓（二）

图 3-531　撬松固定螺栓

图 3-532　取出螺栓

图 3-533　拆卸上座螺母

7）将减振器从前车轮处取下来，取下来时要小心谨慎，防止损伤油管如图 3-534 ~ 图 3-536 所示。

8）使用铁丝固定住转向节，防止转向节下垂损伤到制动油管，如图 3-537 所示。

图 3-534　取下减振器

图 3-535　取下减振器

图 3-536　取下减振器

图 3-537　固定转向节

2. 分解检查减振器

准备工具：减振弹簧专用压缩器

1）用减振弹簧压缩专用工具将减振弹簧收紧、压缩，当减振弹簧被压缩到位后，防尘套被松脱，如图 3-538～图 3-540 所示。

图 3-538　压缩减振弹簧（一）

图 3-539　压缩减振弹簧（二）

注意：使用时注意检查是否安装卡到位，否则容易损伤减振器，或者伤害到自己。

2）拆卸减振弹簧上座螺母，在拆卸时，要用梅花扳手进行配合固定，以方便将减振器伸缩挺杆末端的上座螺母卸下来，如图 3-541 所示。

图 3-540　压缩减振弹簧（三）

图 2-541　拆卸上座螺母

3）将减振器上端的弹簧座及轴承拆卸下来，要仔细检查轴承的磨损及润滑情况，必要时抹上润滑油脂或更换，如图 3-542、图 3-543 所示。

图 3-542　拆卸轴承

图 3-543　检查轴承

4）松开弹簧压缩器，取出弹簧和防尘套，如图 3-544、图 3-545 所示。

图 3-544　松开弹簧压缩器

图 3-545　取出弹簧

5）进一步检查减振器的损坏情况，证实减振器伸缩挺杆已经不具备正常弹力，需要更换新件，如图 3-546、图 3-547 所示。

图 3-546　检查减振器（一）

图 3-547　检查减振器（二）

6）检查减振器防尘套，如有破损，则需要进行更换，如图 3-548 所示。

7）检查减振弹簧，检查是破损，是否有裂纹。如有应更换新减振弹簧，如图 3-549 所示。

图 3-548　检查防尘套

图 3-549　检查减振弹簧

3. 安装减振器

1）检查新减振器是否正常，将新减振器金属卡扣松开时，挺杆将缓慢伸出，用手压进去又可以自然弹出，如图 3-550 所示。

2）将减振器放置在减振弹簧专用压缩器上，再放入下弹簧垫，如图 3-551、图 3-552 所示。

3）将减振垫放进减振器伸缩挺杆，图 3-553 所示。

图 3-550　检查新减振器

图 3-551　放置减振器

图 3-552　放入下弹簧垫

图 3-553　放进减振垫

4）将防尘套及减振弹簧放入减振器伸缩挺杆的中心位置，如图 3-554 所示。

5）安装减振弹簧，使用减振弹簧压缩专用工具将减振弹簧压缩，如图 3-555 所示。

图 3-554　放入防尘套及减振弹簧

图 3-555　压缩减振弹簧

6）将弹簧座、轴承放在减振器上，再拧上减振弹簧固定螺母，减振弹簧的上下端有固定卡口，要对准卡口才能上紧螺母，如图3-556、图3-557所示。

图3-556 放入弹簧座、轴承

图3-557 调整位置

注意：安装减振弹簧螺母时，要确保减振弹簧上下固定卡口标准位置对正。

7）将减振器顶部对准车架上的安装位置进行安装，如图3-558所示。

8）使用梅花扳手将减振器塔顶的固定螺母拧紧。必要时候可以用扭力扳手进行加力紧固，如图3-559所示。

图3-558 安装减振器

图3-559 拧紧固定螺母

9）拧上减振器下端与转向节的两颗固定螺栓，如图3-560所示。

10）减振器下端与转向节连接的两颗固定螺栓要拧紧，防止汽车在行驶过程中螺栓松动影响驾驶安全。必要时可以使用扭力扳手对其进行加力使其紧固，如图3-561所示。

图3-560 安装下端固定螺栓

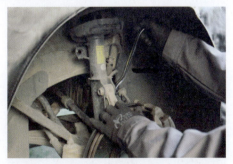

图3-561 拧紧固定螺栓

11）安装减振器与横向稳定杆球头连接的固定螺母，如图3-562所示。

12）将制动油管卡在减振器的卡扣上，如图3-563所示。

图 3-562 安装球头固定螺母

图 3-563 固定油管

13）安装车轮，双手托住车轮向上抬起，对正螺栓孔位后装入车轮，图 3-564 所示。

14）先用手将螺母拧上，然后使用棘轮扳手对螺母进行拧紧，图 3-565 所示。

图 3-564 安装车轮

图 3-565 安装螺母

15）按住举升按钮约 2s，让举升机小幅上升，拉动举升机锁止保险拉锁，解除保险。降下举升机，放下车辆，如图 3-566 所示。

16）使用扭力扳手对车轮的固定螺栓按照对角的顺序进行加力拧紧，如图 3-567 所示。

17）取下车外防护三件套，关闭发动机舱盖，如图 3-568 所示。

18）检查减振器工作情况，用力按压车头部位，如果减振器运行良好，车身上下会起伏正常，如图 3-569 所示。

图 3-566 放下车辆

图 3-567 加力拧紧

图 3-568　取下防护三件套

图 3-569　检查减振器工作情况

第十四节　正时带的更换

正时带是发动机配气机构的重要组成部分，通过与曲轴的连接并配合一定的传动比来保证进、排气时间的准确。正时带的作用就是当发动机运转时，活塞的行程、气门的开启与关闭、点火顺序在正时带的作用下，时刻保持"同步"运转。正时带在长期使用过程中，会产生正常磨损和异常损伤，如果不能进行及时、有效的检查、调整和更换，便有可能破坏活塞和气门正常的运动规律，甚至会出现活塞顶撞气门的严重机械事故，给发动机的工作带来严重影响。

一　正时带断裂会有什么影响

汽车发动机工作过程中，在气缸内不断发生进气、压缩、做功、排气四个过程，并且，每个步骤的时机都要与活塞的运动状态和位置相配合，使进气与排气及活塞升降相互协调起来，正时带在发动机里面扮演了一个"桥梁"的作用，在曲轴的带动下将力量传递给相应机件。有许多高档车为保证正时系统工作稳定，采用金属链条来替代正时带。由于车辆正时带断裂后会造成发动机内部气门损坏，危害较大，故一般厂家都对正时带规定有更换周期。

随着发动机工作时间的增加，正时带及其附件，例如正时带张紧轮，也会发生磨损或老化，所以每次更换正时带时要仔细检查这些附件是否良好。在使用时，要定期检查正时带的使用情况，如看见正时带表面有裂纹，就需要注意正时带是否老化。如行驶时有异响，需要注意正时带运行是否正常。

正时带属于耗损部件，而且正时带一旦断裂，凸轮轴与曲轴脱离同步，极有可能导致气门与活塞撞击而造成严重损坏，导致发动机无法工作，所以正时带一定要依据原厂指定的里程或时间更换。

二　正时带的更换周期

正时带主要是起到承上启下的作用，上部连接是发动机缸盖的正时带轮，下部连接是曲轴正时带轮，正时带轮连接的是凸轮轴。凸轮轴上有凸轮，它的接触点是小摇臂，摇臂通过正时带带来的动力产生压力，从而控制气门的开关，进气门开启使汽油或混合气进入气缸，排气门开启让废气排出气缸。当凸轮轴凹陷（注：不是凸起的地方）的地方同时接触小摇臂的时候，这时候进气门、排气门都关闭，压缩比产生、火花塞点火，缸内开始燃烧。

正时带是由橡胶合成材料制成的，经过长时间的使用，会产生磨损，因此需要定期更换。正时带一般每隔 60000～80000km 更换一次，更换时间或里程建议参考车辆保养手册。除了更换正时带之外，张紧轮和惰轮等传动部件都要更换。

三 正时带的更换过程

正时带的更换过程包括正时带的拆卸和正时带的安装两个方面。

1. 拆卸正时带

准备工具、耗材：拆装工具套装、梅花扳手、呆扳手、扭力扳手、张紧轮扳手、正时带、车外三件套

1）将车辆停放在举升机内合适的位置上，拉紧驻车制动并将档位置于 P 位，车身左右两边的距离尽量相等，车身前后两边的距离尽量相等，如图 3-570 所示。

<u>注意：要拉紧驻车制动以免在对车轮固定螺栓进行预松时车辆向前移动。</u>

2）关闭点火开关，拔出点火钥匙，如图 3-571 所示。

图 3-570　停放车辆　　　　　　　图 3-571　关闭点火开关

3）扳动发动机舱盖锁释放开关（此开关一般位于驾驶室的左下方，位于制动踏板的左侧，拉一下开关发动机舱盖就会打开了），打开开关之后会听见发动机舱盖打开的声音，发动机舱盖锁处于半开状态，还需解开第二级锁钩，如图 3-572 所示。

4）第二级锁钩开关位于发动机舱盖中间，把手伸进去就可以找到，找到之后往上扳一下即可解开，然后将发动机舱盖打开（第二级锁钩的打开方法会因为车型不同而不同，大部分的是向上扳动，也有向左或向右，也有向里面推的）。发动机舱盖打开后，使用支撑杆支撑来进行发动机舱盖固定（有些车型是自动升降的液压杆，打开之后液压杆会自动升起并固定发动机舱盖），如图 3-573 所示。

图 3-572　扳动锁机释放开关

5）安装汽车维修车外防护三件套（用于防止作业时身体或工具刮伤漆面造成不必要的损伤），如图3-574所示。

图3-573　打开发动机舱盖

图3-574　安装防护三件套

6）拆卸右前车轮，拆卸车轮前，根据轮胎螺栓的大小选择合适的套筒与扭力扳手、短接杆进行组合，然后对四个车轮的轮毂螺栓进行预松（套筒放入要到位，一只手握住扭力扳手的手柄向上提拉，另一只手应捉住扭力扳手头部，稍微下压，让套筒中心和螺母的中心保持在一条线上，防止松脱和损坏螺栓），如图3-575所示。

7）根据实际需要，将举升机平稳举升到拆卸轮胎时所需高度（轮胎离地约20cm）。使用棘轮扳手拆下右前车轮的全部固定螺母，如图3-576所示。

图3-575　预松车轮

图3-576　拆卸紧固螺母

注意：工具、零件不能放在地上。

8）将车轮取下（将车轮向外扳动，同时要向上用力抬起车轮才能取下车轮），放在合适位置，如图3-577所示。

9）拆卸翼子板内衬以及发动机下方的保护底板，如图3-578所示。

图3-577　取下车轮

图3-578　拆卸发动机保护底板

10）用管钳松开膨胀水罐端冷却水管卡箍，取下膨胀水罐端水管，如图3-579、图3-580所示。

图3-579　松开水管卡箍

图3-580　取下水管

11）水管用固定支架固定在正时带上罩盖上面。用内花键扳手拆下水管固定支架，将水管移至一旁，避免妨碍拆卸其他部件，如图3-581所示。

12）松开正时带上罩盖上面的油管卡扣，松开发动机一端的油管及线束并放置在合适位置。
注意：拆卸时要在下方垫一块抹布，防止油管里的燃油流到其他部件上，同时要注意周围不能有明火出现，如图3-582所示。

图3-581　拆下水管固定支架

图3-582　在油管下方垫上抹布

13）取下发电机传动带张紧轮盖子，用张紧轮扳手松开发电机传动带张紧轮的偏心轮，使发电机传动带张紧力消除。取下发电机传动带，如图3-583、图3-584所示。

图3-583　取下发电机传动带张紧轮盖

图3-584　取下发电机传动带

14）拆卸发电机传动带张紧轮。用梅花扳手拆下张紧轮的 3 颗固定螺栓，再取下发电机传动带张紧轮。

注意：在拆卸最后一颗螺栓时，要用手扶住张紧轮，防止张紧轮掉落在地上导致损坏。将发电机紧固螺栓拧松，拆下发电机上面的紧固螺栓，避免影响正时带罩盖的拆卸，如图 3-585、图 3-586 所示。

图 3-585　拆卸张紧轮固定螺栓

图 3-586　拆下发动机螺栓

15）在千斤顶托盘上放置一块木头，将千斤顶移动到发动机下面合适位置，托住油底壳防止发动机掉落下来导致零部件损伤，如图 3-587 所示。

16）用棘轮扳手将前纵梁端发动机固定支架的 4 颗机脚螺栓拆卸下来，再拆下发动机端固定支架上的搭铁线。拆下 3 颗固定在正时带中盖上的机脚螺栓，取出发动机固定支架，如图 3-588、图 3-589 所示。

图 3-587　托住发动机

17）拆下 3 颗固定在正时带中盖上的机脚螺栓，取出发动机固定支架，如图 3-590、图 3-591 所示。

18）松开正时带上罩盖两边的卡扣，取下正时带上罩盖，如图 3-592、图 3-593 所示。

19）用扭力扳手拆下曲轴带轮紧固螺栓。取出曲轴带轮，如图 3-594、图 3-595 所示。

图 3-588　拆卸机脚螺栓（一）

图 3-589　拆下搭铁线

221

图 3-590　拆卸机脚螺栓（二）

图 3-591　取出发动机固定支架

图 3-592　松开卡扣

图 3-593　取下正时带上盖

图 3-594　拆卸曲轴带轮紧固螺栓

图 3-595　取出曲轴带轮

20）用内星形扳手拆下固定正时带下盖的固定螺栓，取出正时带下盖，如图 3-596、图 3-597 所示。

图 3-596　拆卸下盖固定螺栓

图 3-597　取出下盖

21）用扭力扳手拆下正时带中盖固定螺栓，取出正时带中盖，如图3-598、图3-599所示。

22）确认配气正时。用扳手转动曲轴，使凸轮轴齿轮上带有标记的齿轮与正时带后防护罩上的箭头标记对齐。使曲轴正时齿轮的标记与机体上的标记对齐。当两者对齐时，一缸的活塞处于压缩上止点的位置。在曲轴正时齿轮、凸轮轴正时齿轮以及后防护罩做好位置标记，如图3-600、图3-601所示。

23）用张紧轮扳手松开正时带张紧轮的偏心轮，使正时带张紧力消除，取下正时带，如图3-602、图3-603所示。

图3-598　拆卸中盖固定螺栓

图3-599　取出中盖

图3-600　确认配气正时

图3-601　做好位置标记

图3-602　松开偏心轮

图3-603　取下正时带

2. 安装正时带

1）将正时带安装在曲轴正时带轮上，并套进正时带下防护罩内。要确保正时带与曲轴的正时带轮正确接触，如图 3-604 所示。

注意：在安装时要保持双手干净，严禁将水、油等粘附到传动带上。否则，容易出现跳齿现象，破坏正常的发动机配气正时，使发动机输出功率下降或丧失。另外，油、水等物质，也会加剧正时带的磨损。

2）对准凸轮轴、曲轴的正时记号。在安装过程中要注意正时记号，如果正时记号不正确，应先转动凸轮轴的齿轮，使凸轮轴上的标记对齐防护罩上的标记，再使曲轴带轮上的标记与正时带防护罩上的标记对齐。这样做的目的是避免直接转动凸轮轴导致气门与活塞发生运动干涉，如图 3-605 所示。

图 3-604　安装正时带

图 3-605　对正记号

注意：转动曲轴带轮时，要用手抓紧正时带，保持正时带与带轮正确接触。否则，正时带松脱受到挤压，容易损坏正时带。

3）通过正时带张紧轮偏心轮调整正时带的张紧度，调整合适后，拧紧张紧轮紧固偏心轮螺栓，如图 3-606 所示。

注意：正时带的张紧度应符合规定的要求，过大或过小均会带来不利影响。

4）安装正时带下盖。用内六角扳手将下盖紧固螺栓拧紧，如图 3-607 所示。

图 3-606　调整正时带张紧度

图 3-607　安装正时带下盖

5）安装正时带中盖，安装时注意不要松开正时带。否则不能保证正时带和带轮的正确接触。曲轴带轮和正时带轮两者之间有着严格的定位规定，通过定位孔和定位销来保证。一旦出现偏差，将会影响发动机配气正时的准确性，如图 3-608 所示。

6）安装曲轴带轮，先用棘轮扳手将之预紧，再用扭力扳手拧紧，如图 3-609 所示。

图 3-608　安装中盖

图 3-609　安装曲轴带轮

7）安装发电机皮带张紧轮，将发电机皮带张紧轮的 3 颗紧固螺栓拧紧。将发电机调整至正确位置，将发电机紧固螺栓拧紧，如图 3-610 所示。

8）安装发电机传动带，将发电机传动带套上发电机以及曲轴带轮，再通过发电机传动带张紧轮偏心轮调整传动带松紧度，调整合适后紧固张紧轮偏心轮，如图 3-611 所示。

图 3-610　安装发电机紧固螺栓

图 3-611　安装发电机传动带

9）安装正时带的上防护罩，注意卡扣要扣紧，如图 3-612 所示。

10）安装发动机固定支架的固定螺栓，如图 3-613 所示。

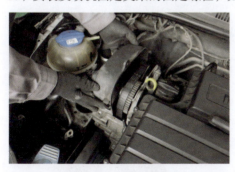

图 3-612　安装上盖

图 3-613　安装机脚螺栓

注意：拧紧发动机固定支架螺栓，用扭力扳手加力 100N·m。

11）安装膨胀水壶的冷却液水管，安装油管。现将水管固定支架安装在正时带上盖上，然后将油管扣在正时带上盖卡扣上。再将水管安装在膨胀水壶上，将有关连接好如图 3-614、图 3-615 所示。

图 3-614　安装水管　　　　　　　　　图 3-615　安装油管

12）正时带更换完毕，运转发动机进行检查，目的是及时发现维修中的故障隐患和检验维修质量，如图 3-616 所示。

13）安装翼子板内衬。将发动机防护底板与车轮内衬板从右侧车轮处放入，安装好车轮内衬板固定螺钉。将防护底板与前保险杠底部配合安装好，安装好发动机防护底板固定螺钉，如图 3-617 所示。

图 3-616　运转发动机检查　　　　　　图 3-617　安装翼子板内衬

14）安装车轮。双手托住车轮向上抬起，对准螺栓孔后装入车轮，如图 3-618 所示。

15）先用手将车轮固定螺母拧上，然后使用棘轮扳手对轮毂固定螺栓进行预紧，预紧后要上下扳动车轮，感觉有无旷量，若有旷量说明车轮还未安装到位（在车轮还未安装到位时，如果将举升机下降，车轮在车辆的重力作用下可能会损坏固定螺栓），如图 3-619 所示。

图 3-618　安装车轮　　　　　　　　　图 3-619　预紧螺栓

16）将举升机下降到最低位置，使用扭力扳手对车轮固定螺栓进行拧紧（拧紧力矩一般为 90～110N·m），如图 3-620 所示。

注意：所有轮胎螺栓要按对角顺序分 2～3 次拧紧至规定力矩，不能一次对单颗螺钉拧紧。

17）取下车外防护三件套，放下发动机舱盖支撑杆，如图 3-621 所示。

18）操作完成后，关闭发动机舱盖，整理场地、工具，如图 3-622 所示。

图 3-620　拧紧螺母

图 3-621　取下防护三件套

图 3-622　关闭发动机舱盖

四　正时带选购注意事项

1）选购商品前，请务必核实车型、发动机等信息，以确保买到正确型号的配件。可以查询车辆保养手册。

2）在实践中，一般更换正时带的时候通常还会同时更换一些其他部件，常见的包括正时带张紧轮、惰轮和水泵。

3）选用优质的产品，劣质正时带韧度差、不抗磨、使用寿命很短，随时都有可能断裂。在正常使用中容易发生跳齿，出现怠速不稳、加速不良等现象。如果发生断裂，会造成发动机突然熄火、转向或制动失灵、发动机报废等严重后果。如果出现这些问题，车主面临的就不仅是经济损失，更是对生命安全的威胁了。

五　自己如何检查正时带

由于正时带是橡胶制品，所以长期使用会出现：硬化、龟裂、剥离、脱落、松垮、纤维松散等问题，如果发现这些问题都要及时更换或者调整，以免造成正时带断裂，最后给发动机带来不可逆的损坏。检查方法有以下几点：

1）直接用手感触正时带，用手摸一下上下两面，如果感觉正时带表面粗糙起毛的话，那么证明该正时带已经逐渐老化，可以根据需求更换。

2）使用手电筒检查正时带，如果正时带边缘起毛或者发白，而且用手擦不掉的话，那么就要进行换。

3）用手去感受正时带的韧性，如果正时带手感很硬，没有弹性，那么极有可能是硬化了，也需要更换。

4）使用手电筒检查正时带表面，如果发现明显裂纹，就赶紧去更换了。

5）用两根手指夹住正时带，如果轻易地卷缩，那么证明正时带松动，需要进行调整。

六、正时带和正时链条到底有什么区别

正时带是由橡胶制成的，噪声小、传动阻力小、传动惯性也小，而且能够提高发动机的动力性、加速性能，并且容易更换。正时带的寿命都是比较短的，一般使用3～5年就要更换一次，如果不按时更换，就会造成正时带断裂，或者使发动机气门开关时机错误，损坏发动机。

正时链条由强度较大的钢材制成，它的优点是使用寿命长故障率低，不容易发生故障。但同样不可避免地存在一些缺点，如链条转动噪声大、传动阻力大、传动惯性也大，从一定角度来说，增加了能耗，优化性能也会有所降低。虽然正时链条是免维护的，但这也是有前提的，并不是说用着就会一直不用维护，如果链条导链板磨损扩大也是需要维修更换的，并且由于链条张紧度是高级油压力来提供张紧力的，如果机油压力不足，就可能损坏发动机。

七、正时带的优缺点

1. 优点

正时带比正时链条要实惠很多，橡胶制品与金属摩擦的声音本身就非常小，通过发动机舱隔声层之后，噪声就可以忽略不计了。并且橡胶制品与金属之间的摩擦力也要小，正时带的传动阻力小，能够保证发动机正常的动力输出和加速性能。正时带要比正时链条工作时产生的噪声小，传动阻力小。需要注意的是：经常性急加速、高转速换档等不良习惯都会影响正时带的使用寿命。

2. 缺点

正时带本来寿命就有限，再加上裸露在发动机外部，时间久了正时带表面开始老化，裂纹，正时带打滑等问题也随之出现。

第十五节 前轮定位的检查与调整

随着汽车工业的蓬勃兴起和飞速发展，各种新技术在不断被运用，使得汽车的各种使用性能逐步提高。为使汽车保持稳定直线行驶，转向轻便，减少汽车在行驶中轮胎和转向机件的磨损，前轮、转向主销、前轴三者之间的安装具有一定的相对位置，这就称为"前轮定位"。在转

向车轮上设计有：主销后倾角、主销内倾角、车轮外倾角和前轮前束等 4 项参数，维修人员对它们的称谓是"转向轴车轮定位"，简称"车轮定位"，习惯称为"前轮定位"。前轮定位对提高汽车操纵性能与降低轮胎消耗的显著作用，越来越受到人们的重视。

一、前轮定位对汽车行驶性能的影响

车轮定位通常是指前轮，但在轿车上，车轮定位包括前轮和后轮。车轮定位对于保证汽车车轮与地面的良好接触、轻便转向及行驶安全平顺非常重要。为保证汽车稳定地直线行驶，转向轮具有自动回正作用，为减少轮胎和机件的磨损，影响前轮定位的角度参数有五个，它们是主销后倾、主销内倾、前轮外倾、前轮前束和转弯半径；后轮定位包括车轮外倾角、后轮前束角和推力角三个定位参数。

通过专用的仪器对车辆进行精确的测量后，根据测量结果及原厂设计标准对照，对车辆进行综合诊断后、进行调整、维修等作业，意在使汽车恢复原厂标准，达到最佳的操纵和行驶状态，统称为汽车四轮定位。

为了保证汽车直线行驶的稳定性和操纵的轻便性，减少轮胎和其他机件的磨损，转向轮、转向节和前轴三者与车架的安装应保持一定的相对位置关系，这种安装位置关系称为转向轮定位。对于两端装有主销的转向桥，汽车转向时，转向车轮会围绕主销轴线偏转，但在大多数断开式转向桥中没有主销，而是采用上、下球头销代替主销，上、下球头销球头中心的连线相当于主销轴线。转向轮定位参数有：主销后倾、主销内倾、前轮外倾和前轮前束四个参数。

1）主销后倾角：从侧面看车轮，转向主销（车轮转向时的旋转中心）向后倾斜，称为主销后倾角。设置主销后倾角后，主销中心线的接地点与车轮中心的地面投影点之间产生距离（称作主销纵倾移距，与自行车的前轮叉梁向后倾斜原理相同），使车轮的接地点位于转向主销延长线的后端，车轮就会靠行驶中的滚动阻力产生向后的拉力，使车轮的旋转方向自然朝向行驶的直线方向。主销后倾角设定在规定范围的最大值可提高直线行驶的稳定性，同时主销纵倾移距也会增大。如果主销纵倾移距过大，会使转向盘沉重，加上路面的干扰，从而加剧了车轮的前后颠簸。

2）主销内倾角：站在车前后方向观看车轮时，轮胎向内倾斜，而实际上是主销轴向车身内侧倾斜，该角度称为主销内倾角。当车轮以主销为中心旋转时，车轮的最低点将陷入路面以下，但实际上车轮下边缘不可能陷入路面以下，而是将转向车轮连同整个汽车的前部向上抬起了一个相应的高度，这样汽车本身的重力有一个使转向车轮回复到原来位置的作用力，因而转向盘复位更加轻便。

3）前轮外倾：从前后方向观察车轮时，轮胎并非垂直安装，而是稍微倾斜呈现"八"字形张开，称为负外倾，朝反方向张开称为正外倾。使用斜交轮胎的鼎盛时期，基于轮胎倾斜触地便于转向盘的操作，所以外倾角的设定一般比较大。随着汽车装用子午线轮胎不断普及，基于子午线轮胎的特性，若设定外倾角过大会使轮胎产生偏磨，降低轮胎摩擦力，因此，现在汽车一般将外倾角设定得很小，接近垂直。加之助力转向机构的不断使用，外倾角更是不断缩小。尽管如此，设定少许的外倾角相当于对轮轴上的轴承施加了适当的横推力，车身的平衡稳定性会得到加强。

4）前轮前束：指的是车辆左右前轮分别向内倾斜。采用这种结构的目的是修正上述前轮外倾角过大引起的车轮向外侧转动的弊端。另一方面，由于车轮外倾，左右前轮就会分别向外侧转动，如果左右两轮带有向内的角度，则正负为零，左右两轮可保持直线行进，减少轮胎磨损。

二 前轮定位的作用

1）轮胎受益：既然称为车轮定位，那首先对轮胎肯定是有非常大的好处。做完车轮定位，可以让轮胎与车体保持最佳角度，在提高抓地力同时舒适性也得到了保证。当然，如果车辆在发生异常现象并没有进行四轮定位，不但对安全性有较大的影响，而且轮胎的寿命会大大降低。

2）汽车四轮定位提高操控：轮胎保持正常状态，当然对行车安全有非常好的帮助。经过车轮定位调整后，驾驶操控性就可以得到相应的保证。尤其遇到紧急情况，轮胎足够的抓地力可以尽可能地按照驾驶员的行车轨迹行驶。虽然这只是紧急情况，但驾驶本身存在一定的危险，如果能在危险即将来临的时刻做出相应的判断，安全会得到充分保障。

3）汽车车轮定位省油：燃油消耗是随轮胎滚动摩擦系数减小而减小的，这是显而易见的。经过车轮定位的调整后，车辆可以按照正确轨迹行驶，在一定程度上减小了风阻，当然燃油消耗也会随之减少。再配合标准胎压值，轮胎不但可以保持最佳抓地效果，还可以尽可能降低轮胎与地面的摩擦，达到一举两得的效果。

4）汽车车轮定位安全保障：轮胎好安全性也会大大提高。其实经过车轮定位调整的同时，维修技师也会检查汽车悬架系统及其他部件的情况，这种检查可以判断出轮胎是否对底盘系统有不良影响。如果发现有异常，不但对轮胎进行了优化，并对底盘也做了相应修整，这样可以通过轮胎判断相应部件的磨损程度，尽早发现安全隐患并进行彻底排除。

三 前轮定位的检查与调整过程

前轮定位的检查与调整包括检查底盘、测量定位参数、调整定位参数三个方面。

1. 检查底盘

准备工具：气压表、手电筒

1）将车辆停放在举升机上合适位置，注意两侧的距离尽量一致，关闭发动机，拉紧驻车制动，如图3-623所示。

2）检查轮胎气压，连接安装轮胎气压表，如图3-624所示。

3）查看气压表数值（是否在规定值，）如果气压偏低则需要进行对轮胎充气，充至规定值，否则会影响测量的结果，如图3-625所示。

4）确保胎压值正常，每个轮胎的气压值都需要进行检查，如图3-626所示。

图 3-623　停放车辆

图 3-624　连接气压表

图 3-625　查看气压

图 3-626　查看气压

5）将举升机举升至合适高度并锁住保险装置，如图 3-627 所示。

6）检查轮胎磨损情况，每个车轮都需要进行检查，如果有严重磨损的车轮应更换轮胎，如图 3-628、图 3-629 所示。

7）再次把车辆举高，方便对底盘其他部件进行检查，如图 3-630 所示。

8）检查半轴、防尘套是否有破损、老化、漏油等情况，如果有要进行更换，如图 3-631 所示。

9）检查轮毂轴承是否松旷，如图 3-632 所示。

图 3-627　举升车辆

图 3-628　检查轮胎（一）

图 3-629 检查轮胎（二）

图 3-630 再次举升车辆

图 3-631 检查半轴、防尘套

图 3-632 检查轮毂轴承

10）检查转向节主销是否松旷，如有松旷对其紧固，如图 3-633 所示。

11）检查转向节是否松旷和损伤，如有应进行更换或紧固，如图 3-634 所示。

图 3-633 检查转向节主销

图 3-634 检查转向节

12）检查转向拉杆是否松旷和损伤，如图 3-635 所示。

13）检查减振器是否正常，检查减振器减振弹簧是否有损伤，如有则需要进行更换，如图 3-636 所示。

14）检查前悬架和转向部件的全部螺栓、螺母是否紧固良好，各球头销间隙是否合格、前钢板及中心螺栓有无断裂，如有松动对其紧固，损坏则需要对其进行更换，如图 3-637 所示。

15）检查完成无异常后，摇动车轮及车辆数次，以证明悬架系统处于正常状态下，如图 3-638、图 3-639 所示。

图 3-635　检查转向拉杆

图 3-636　检查减振器

图 3-637　检查连接部位

图 3-638　检查悬架（一）

2. 测量定位参数

准备设备、工具：四轮定位仪、呆扳手

1）安装车轮定位仪传感装置。在用挂钩将定位仪传感装置固定在轮辐上，防止掉落。

<u>**注意**：定位仪传感装置卡爪一定要固定牢固，并且定位仪传感装置不要安装错位置，四个车轮都需要进行安装</u>，如图 3-640、图 3-641 所示。

2）电脑开机，选择车型，准备进入检测状态，进入车轮定位检测系统，根据电脑操作顺序进行输入数据，如图 3-642 所示。

图 3-639　检查悬架（二）

3）根据电脑提示向后或向前推动车辆，如图 3-643、图 3-644 所示。

4）根据电脑提示安装制动锁，移除转角盘撬钉，如图 3-645、图 3-646、图 3-647 所示。

图 3-640　安装车轮定位仪传感

图 3-641　安装完成

图 3-642　进入检测系统

图 3-643　电脑显示

图 3-644　调整车辆

图 3-645　电脑提示

图 3-646　移除转角盘撬钉

图 3-647　安装制动锁

5）再次根据电脑显示进行操作，向左或者向右转动方向盘，使刻度标记对齐，如图 3-648～图 3-651 所示。

图 3-648　提示向左转动方向盘

图 3-649　向左转动方向盘

图 3-650　提示向右转动方向盘

图 3-651　向右转动方向盘

3. 调整定位参数

1）电脑显示出四轮参数，前轮前束、后轮前束、后轮外倾异常，根据定位角数据偏差大小，确定是否能调节或更换零部件。

注意：调节定位角必须由后轮至前轮进行调节，前轮的前束角是最后进行调节的，因为其他的定位角的调节能使止推角与车辆中心线重合，将影响到前轮的前束，但现在的车辆一般不用调整后轮定位，如图 3-652 所示。

2）根据电脑提示，安装方向盘锁，如图 3-653、图 3-654 所示。

图 3-652　显示参数

图 3-653　电脑提示

3）调节前轮前束角，确认在调节前束时转向机齿条密封件没有被扭曲，在固定好方向盘的情况下，放松转向横拉杆的夹紧螺钉，转动转向横拉杆以获得标准的数据，两轮之间的前束角数据尽量保持一致，确认横拉杆末端是否直角，然后再拧紧螺钉。

注意：调整之后在查看电脑显示数值是否在正常规定范围内，如果不在则继续调节，等到显示数值显示在规定范围内。如图 3-655、图 3-656 所示。

4）调整完成后，取出车轮定位仪传感器，放置回原位，放下车辆，如图 3-657、图 3-658 所示。

5）做好定位角调节后再进行试车，路试时需注意车辆行驶时的稳定性，操纵性等。

注意：路试时如有方向跑偏、发抖等问题，定位角度又符合规格的情况下，再根据轮胎之间的磨损情况进行换位调整，如图 3-659 所示。

图 3-654　安装方向盘锁

图 3-655　调节前轮前束

图 3-656　调整完成

图 3-657　取出定位仪传感器

图 3-658　放下车辆

图 3-659　试车

四　四轮定位的相关知识

1. 什么情况下需要做车轮定位

当驾驶车辆时感到方向盘转向沉重、发抖、跑偏、不正、不归位或者发现轮胎单边磨损、波状磨损、块状磨损、偏磨等不正常磨损，以及驾驶时车感飘浮、颠簸、摇摆等现象出现时，就应该做车轮定位了。

1）轮胎气压和轮胎胎面磨损：不均匀的轮胎磨损表示轮胎、转向装置或悬架等某些方面出了故障。轮胎不规则磨损和磨损过快有很多种原因。其中最常见的原因是不适当的充气压力、未定期进行轮胎换位、驾驶习惯不当或原来的四轮定位不正确等。

2）车轮振摆：振摆是由于各种原因引起轮胎不稳定旋转的一种情况，车轮和轮胎的振摆是指不规则的上下或左右运动。左右运动就是指车轮或轮胎的横向振摆，上下运动就是指车轮或轮胎的径向振摆。与振摆有关的振动故障只能通过寻找振摆的来源来消除。振摆的修理通常包括车轮中轮胎的再组装或更换、车轮轴承更换、轮毂的更换或轮胎/车轮平衡等几方面。

3）车轮跑偏：跑偏是指车辆在径直道路上行驶，转向盘在不受任何外力作用的情况下，车辆行驶方向发生偏移。跑偏通常是由下列原因造成的：轮胎结构性损伤（出现子午胎横向力）、轮胎配合不当或磨损不均匀、前轮或后轮定位不当、转向机阀偏离中心、制动调节不匀称或制动器拖滞。

2. 四轮定位的误区

误区一：认为做四轮定位就是调整前轮前束

"四轮定位"，顾名思义是需要将汽车四个车轮的定位状态都要考虑。前束是个角度概念，技术上称之为前束角。实际上，前车轮不仅有前束角，还有车轮外倾角、主销后倾角、主销内倾角；后车轮也有车轮外倾角和推进角等主要定位角度。做四轮定位时，后轮的定位角度也非常重要，那种认为"做四轮定位就是调整前轮前束"是错误的。

误区二：哪收费低就在哪做四轮定位

进入21世纪以来，随着国内汽车保有量的激增，国内外众多的四轮定位仪的生产企业竞相占据市场，各种形式、品质不一的定位仪如雨后春笋涌向市场，这一空前的市场竞争，极大地压缩了生产企业及经销商的利润空间。没有知识产权和没有技术含量的定位仪生产企业竞相压低价格。定位仪的相对普及，又加剧了维修企业间的竞争，许多维修企业就以更低廉的价格面向用户。

低廉的收费背后并不是因为维修企业生产率提高了，更多的是因为设备的技术含量和测量精度不高，在做定位时调整的数据也达不到要求，车辆的定位问题自然得不到根本解决。

误区三：认为用什么样的四轮定位仪都一样

四轮定位的合格与否主要取决于维修人员的技能和定位仪质量的优劣。国内的四轮定位仪可谓品类齐全，从低端的，中端，到高端十几万元的不一而足。低端产品价格便宜，但用户反应的问题比较多：技术含量低、精确性差、故障率高。中端产品占有的市场份额相对较大，能基本满足一般用户的需求。高端产品多是拥有高新技术的进口产品，有的是世界著名品牌，其定位软件、硬件功能完备，更人性化，工作效率更高，可以为企业和用户解决更多的问题，它不仅能完成优异的车轮定位工作，还能帮助诊断底盘故障。有着更好的经济效益和社会效益。